# Moment mal!

## Lehrwerk für Deutsch als Fremdsprache

## Lehrbuch 1

von
Martin Müller
Paul Rusch
Theo Scherling
Reiner Schmidt
Lukas Wertenschlag
Heinz Wilms

in Zusammenarbeit mit
Christiane Lemcke

D0225149

**Langenscheidt**

Berlin · München · Wien · Zürich · New York

Visuelles Konzept, Gestaltung und Illustrationen: Theo Scherling
Umschlaggestaltung: Theo Scherling und Andrea Pfeifer, unter Verwendung eines Fotos von Birgit Koch/IFA-Bilderteam (großes Foto) und eines Fotos von Cornelia Gick (kleines Foto)
Aussprache-Teile: Christiane Lemcke
Redaktion: Gernot Häublein
Verlagsredaktion: Sabine Wenkums

Autoren und Verlag danken Kolleginnen und Kollegen, die **Moment mal!** erprobt, begutachtet sowie mit Kritik und wertvollen Anregungen zur Entwicklung des Lehrwerks beigetragen haben.

# Moment mal!
## Lehrwerk für Deutsch als Fremdsprache
Materialien

| | | | | |
|---|---|---|---|---|
| Lehrbuch 1 | 3-468-47751-1 | CD 1.3 *(1 CD zum Testheft)* | 3-468-47809-7 |
| Cassetten 1.1 *(2 Lehrbuch-Cassetten)* | 3-468-47756-2 | CD-ROM zu Moment mal! 1 | 3-468-47820-8 |
| CDs 1.1 *(2 CDs zum Lehrbuch)* | 3-468-47768-6 | Einstufungstest | 3-468-47812-7 |
| Arbeitsbuch 1 | 3-468-47752-X | Glossar Deutsch–Englisch 1 | 3-468-47760-0 |
| Cassette 1.2 *(1 Arbeitsbuch-Cassette)* | 3-468-47757-0 | Glossar Deutsch–Französisch 1 | 3-468-47761-9 |
| Cassette 1.3 *(1 Aussprache-Cassette zu Lehrbuch und Arbeitsbuch)* | 3-468-47758-9 | Glossar Deutsch–Griechisch 1 | 3-468-47762-7 |
| | | Glossar Deutsch–Italienisch 1 | 3-468-47763-5 |
| CDs 1.2 *(2 CDs zu Arbeitsbuch und Aussprache)* | 3-468-47769-4 | Glossar Deutsch–Koreanisch 1 | 3-468-47813-5 |
| | | Glossar Deutsch–Spanisch 1 | 3-468-47764-3 |
| Arbeitsbuch-Package *(Arbeitsbuch und 2 CDs zu Arbeitsbuch und Aussprache)* | 3-468-47770-8 | Glossar Deutsch–Russisch 1 | 3-468-47765-1 |
| | | Glossar Deutsch–Türkisch 1 | 3-468-47766-X |
| | | Glossar Deutsch–Polnisch 1 | 3-468-47767-8 |
| Lehrerhandbuch 1 | 3-468-47753-8 | Workbook 1 | 3-468-96942-2 |
| Folien 1 | 3-468-47754-6 | Package 1 *(Workbook und 2 CDs zu Workbook und Aussprache)* | 3-468-96943-0 |
| Testheft 1 | 3-468-47755-4 | | |
| Cassette 1.4 *(1 Testheft-Cassette)* | 3-468-47759-7 | Eserciziario 1 | 3-468-96946-5 |
| | | Βιβλίο ασκήσεων 1 | 960-7142-47-0 |

## Symbole in **Moment mal! Lehrbuch 1:**

| | | | | |
|---|---|---|---|---|
| **A7** | **Aufgabe** 7 in diesem Kapitel | | | **Schreiben** Sie! |
| | **Hören** Sie! *(Lehrbuch-Cassetten)* | →Ü18 – Ü21 | | **Übungen** 18–21 im Arbeitsbuch gehören hierzu. |
| | **Hören** Sie! *(Aussprache-Cassette)* |  | | **Lerntipp 1 im Arbeitsbuch** gehört hierzu. |
| | **Sprechen** Sie! | | | |
| | **Lesen** Sie! | ⚠ | | **Achtung!** Das müssen Sie lernen! |

**Moment mal!** berücksichtigt die Änderungen, die sich aus der Rechtschreibreform von 1996 ergeben.

Umwelthinweis: Gedruckt auf chlorfrei gebleichtem Papier

| Druck: | 9. | 8. | 7. | 6. | Letzte Zahl |
|---|---|---|---|---|---|
| Jahr: | 2003 | 2002 | 2001 | 2000 | maßgeblich |

Druck: Druckhaus Langenscheidt, Berlin
Printed in Germany · ISBN 3-468-**47751**-1

Besuchen Sie auch unsere Homepage **www.langenscheidt.de/moment-mal**. Hier finden Sie zur Arbeit mit *Moment mal!* weitere Ideen, Informationen und Online-Projekte.

# Inhaltsverzeichnis

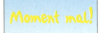

# Inhaltsverzeichnis

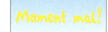

# Menschen – Sprachen – Länder – Städte

## 1 Menschen

**A1**

Hören Sie und
schauen Sie.

**Begrüßen**

Was sagt Maria?
Was sagt Yves?

**A2**

Sprechen Sie.
Was sagen *Sie*?

Europa-Karte
aus:
„Süddeutsche
Zeitung"
(München),
„Tages-Anzeiger"
(Zürich),
„Der Standard"
(Wien),
1993

| **A1** | Was sagt Jenny? Was sagt sie? | – Sie sagt: „Guten Tag!" |
|---|---|---|
| | Was sagt Anders? Was sagt er? | – Er sagt: „Hej!" |
| **A2** | Was sagen Sie? Und Sie? | – Ich sage: „...!" |
| | Was sagst du? Und du? | – Ich sage: „...!" |

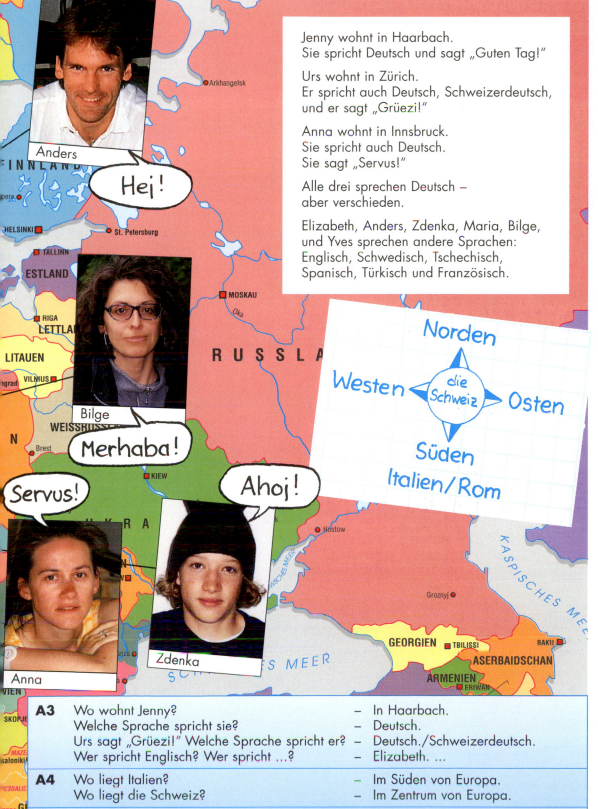

Jenny wohnt in Haarbach.
Sie spricht Deutsch und sagt „Guten Tag!"

Urs wohnt in Zürich.
Er spricht auch Deutsch, Schweizerdeutsch,
und er sagt „Grüezi!"

Anna wohnt in Innsbruck.
Sie spricht auch Deutsch.
Sie sagt „Servus!"

Alle drei sprechen Deutsch –
aber verschieden.

Elizabeth, Anders, Zdenka, Maria, Bilge,
und Yves sprechen andere Sprachen:
Englisch, Schwedisch, Tschechisch,
Spanisch, Türkisch und Französisch.

Anders

Hei!

Bilge

Merhaba!

Servus!

Ahoj!

Anna

Zdenka

**Norden**

die Schweiz

**Westen** **Osten**

**Süden**

**Italien/Rom**

 **A3**

Lesen Sie.

**Informationen:
Personen**

Wo wohnt Jenny?
Welche Sprache
spricht sie?
Wo wohnt Urs?
Welche Sprache
spricht er?
Wer spricht
Englisch?

➜Ü1 – Ü3

**A4**

Hören Sie.

**Länder und
Städte**

Wo liegt Italien?
Wo ist ...?

➜Ü4 – Ü5

**A5**

Sprechen Sie.

Wo liegt Bern?
Was ist die
Hauptstadt
der Schweiz?

➜Ü6 – Ü11

| **A3** | Wo wohnt Jenny? | – In Haarbach. |
| | Welche Sprache spricht sie? | – Deutsch. |
| | Urs sagt „Grüezi!" Welche Sprache spricht er? | – Deutsch./Schweizerdeutsch. |
| | Wer spricht Englisch? Wer spricht ...? | – Elizabeth. ... |
| **A4** | Wo liegt Italien? | – Im Süden von Europa. |
| | Wo liegt die Schweiz? | – Im Zentrum von Europa. |
| **A5** | Wo liegt Cardiff? | – In Großbritannien. |
| | Wo liegt Bern? | – In der Schweiz. |
| | Was ist die Hauptstadt von Österreich? | – Wien. |

## 2 Name – Sprache – Land – Wohnort

 **A6**

Lesen Sie Text ①.
Woher kommt Bilge?
Wo wohnt sie?
Welche Sprachen
spricht sie?

① Bilge Akyal wohnt und arbeitet in Berlin.
Sie ist Türkin. Sie sagt „Merhaba!"
Das ist Türkisch. Sie spricht auch Deutsch.
Familie Akyal kommt aus der Türkei, aus Izmir.
Bilge sagt, sie ist Türkin und Deutsche.

 **A7**

Lesen Sie die Texte
② – ③.
Woher kommt
Martin?
Wo wohnt er?
Woher kommt
Akemi?
Wo wohnt sie?

➜Ü12 – Ü13

② Das ist Martin Baumgartner.
Er spricht Deutsch, Französisch und Polnisch.
Er ist Schweizer und wohnt in Warschau.
Warschau ist die Hauptstadt von Polen.

③ Sie heißt Akemi Waldhäusl.
„Akemi" ist Japanisch. „Waldhäusl" ist Deutsch.
Akemi lebt in Innsbruck und ist Österreicherin.
Sie spricht Japanisch und Englisch.
Und sie lernt gerade Deutsch.

 **A8**

Lesen Sie
die Texte ① – ③
und sammeln Sie.

➜Ü14 – Ü15

| Vorname | Nachname | Land | Nationalitäten | Sprachen |
|---|---|---|---|---|
| Bilge | Akyal | Türkei | Türkin, … | Türkisch, … |
| Martin | | | | |
| Akemi | | | | |

 **A9**

Fragen Sie
und antworten Sie:

**A6** Woher kommt Bilge? – Sie kommt aus der Türkei. Aus Izmir.
**A7** Wo lebt und arbeitet sie? – In Berlin. Sie ist Türkin und Deutsche.
**A9** Woher kommt Martin? – Er kommt aus der Schweiz. Er ist Schweizer.
Wo wohnt er? – Er wohnt in Warschau.
Welche Sprachen spricht er? – Er spricht Deutsch, Französisch und Polnisch.
Und Akemi? Woher kommt sie? – Aus Österreich. / Aus Japan.
Welche Sprache lernt Akemi gerade? – Sie lernt Deutsch.
Wer ist das? – Das ist Bilge. Sie ist Türkin.
Wie heißt er? – Er heißt Martin. Er ist Schweizer.
– Ich weiß nicht.

## 3 Name – Wohnort – Adresse

① ● Wie heißt du?
○ Ich heiße Maria.
● Und woher kommst du?
○ Aus Alicante.
● Alicante? Wo ist das?
○ In Spanien.
● Und wo wohnst du?
○ In Bremen.

A10

Hören Sie
und lesen Sie.

**Personen
vorstellen**

Wie heißt sie?
Woher kommt sie?
Wo ist das?
Wo wohnt sie?

② ● Wie heißen Sie, bitte?
○ Mein Name ist Arthur Miller.
● Und woher kommen Sie?
○ Aus Abingdon.
● Abingdon? Wo ist das?
○ In England.
● Wo wohnen Sie?
○ In Essen.
● Und wie ist Ihre Adresse?
○ Essen, Fischerstraße 9.

A11

Hören Sie
und lesen Sie.

Wie heißt er?
Woher kommt er?
Wo ist das?
Wie ist die Adresse?

➔Ü16

③ ● Entschuldigung, wie heißt du?
○ Ich heiße Laura.
● Was? Ich heiße auch Laura!
○ Du auch? Und woher kommst du?
● Aus Italien, aus Parma. Und du?
○ Ich bin aus Innsbruck.
Und wo wohnst du?
● Ich wohne auch in Innsbruck,
Reichenauerstraße 8.

A12

Hören Sie
und lesen Sie.

Wie heißen sie?
Woher kommen sie?
Wo wohnen sie?

| A13 | Wie heißt du? | – | (Ich heiße) Maria / … . Und du? |
| | Woher kommst du? | – | (Ich komme/bin) aus … . |
| | Wo ist das? | – | (Das ist) in … . |
| | Wo wohnst du? | – | (Ich wohne) in … . |
| | Entschuldigung, wie heißen Sie? | – | (Mein Name ist) Arthur Miller / … . |
| | Woher kommen Sie? | – | Aus … . |
| | Wo wohnen Sie? | – | In … . |
| | Wie ist Ihre Adresse? | – | (Meine Adresse ist) … . |
| A14 | Das ist …   Sie/Er kommt aus …   Das ist in …   Sie/Er wohnt in …   Die Adresse ist: … |

A13

Fragen Sie
und antworten Sie.

A14

Stellen Sie Ihren
Partner / Ihre
Partnerin vor.

➔Ü17 – Ü30

## 4 Aussprache

 **A15**

Hören Sie und lesen
Sie halblaut mit.
Sprechen Sie.

### Akzent, Pause, Sprechmelodie

 S. 114 (C), 115 (F, G)

● Hallo, Anna!
○ Hallo, Max!
● Das ist Anders.
○ Hallo, Anders!
  Woher kommst du?
■ Äh …

● Er ist Schwede. Er spricht Schwedisch
  und Englisch. Er kommt aus Trollhättan.
○ Ach so.
● Und das ist Maria. Sie kommt aus Alicante.
○ Tag, Maria!
□ Hallo, Anna!

 **A16**

Hören Sie und
lesen Sie leise mit.
Sprechen Sie.

Das ist **Anders**.
Hallo, **Max**!

Das **Akzentwort** spricht man **lauter**.

Er ist Schwede.
Das ist Maria.

Kurze Sätze spricht man ohne Pause.

Sie kommt aus Alicante.
Hallo, Maria!

Die Sprechmelodie fällt am Satzende.

**A17**

Sprechen Sie.

→Ü31

Guten Tag! ↘

Hallo, Anna! ↘

Tag, Maria! ↘

Das ist Jenny. ↘

Das ist Anders. ↘

### Alphabet und Lautschrift

 **A18**

Hören Sie und lesen
Sie halblaut mit.

→Ü32 – Ü33

| | | | | | |
|---|---|---|---|---|---|
| A a [aː] | F f [ɛf] | K k [kaː] | P p [peː] | U u [uː] | Z z [tsɛt] |
| B b [beː] | G g [geː] | L l [ɛl] | Q q [kuː] | V v [faʊ] | ß [ɛsˈtsɛt] |
| C c [tseː] | H h [haː] | M m [ɛm] | R r [ɛr] | W w [veː] | Ä ä [ɛː] |
| D d [deː] | I i [iː] | N n [ɛn] | S s [ɛs] | X x [ɪks] | Ö ö [øː] |
| E e [eː] | J j [jɔt] | O o [oː] | T t [teː] | Y y [ˈʏpsɪlɔn] | Ü ü [yː] |

 **A19**

**Wort-Netz
„Deutschkurs"**

a) Lesen Sie.
b) Hören Sie.

## 5 Wortschatz

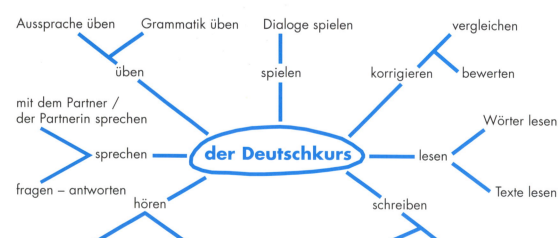

Aussprache üben   Grammatik üben   Dialoge spielen   vergleichen

üben   spielen   korrigieren   bewerten

mit dem Partner /
der Partnerin sprechen   Wörter lesen

sprechen   **der Deutschkurs**   lesen

fragen – antworten   Texte lesen

hören   schreiben

Dialoge hören   die Cassette hören   Texte ergänzen   Wörter notieren

 **A20**

**Wort-Netz „Europa"**

Sammeln Sie
und schreiben Sie.

Europa

# 6 Grammatik

## Text: Referenz (1)

→Ü3

Das ist Jenny. Sie wohnt in Haarbach.

Sie spricht Deutsch und sagt „Guten Tag!"

## Satz: Wortfrage und Aussagesatz

→Ü1 – Ü2,
Ü8 – Ü11,
Ü13, Ü16

| Wo | wohnt | Jenny? | – | Jenny | wohnt | in Haarbach. |
| Welche Sprache | spricht | sie? | – | Sie | spricht | Deutsch. |
| Was | sagt | sie? | – | Sie | sagt | „Guten Tag!" |

WORTFRAGE – AUSSAGESATZ

VERB · VERB

## Verb und Subjekt

→Ü11,
Ü17 – Ü20,
Ü23 – Ü24

| Wie | heiß t | du? | – | Ich | heiß e | Maria. |
| Woher | komm st | du? | – | Ich | komm e | aus Alicante. |
| Wie | heiß en | Sie? | – | Ich | heiß e | Arthur Miller. |
| Woher | komm t | Maria? | – | Sie | komm t | aus Alicante. |

SUBJEKT · VERB: STAMM ENDUNG

## Satz: Aufforderungssatz / Imperativ (1)

→Ü22 – Ü24

Hören Sie!

Sprechen Sie!

Lesen Sie!

Antworten Sie!

AUFFORDERUNGSSATZ

VERB

# Eine fremde Stadt

 **A1**

## 1 Ankunft

**Orientierung:
Ort und Weg**

Was sucht die Frau?

 **A2**

Wo ist die Post?
Wo ist die
Stadtbibliothek?
Spielen Sie die
Dialoge.

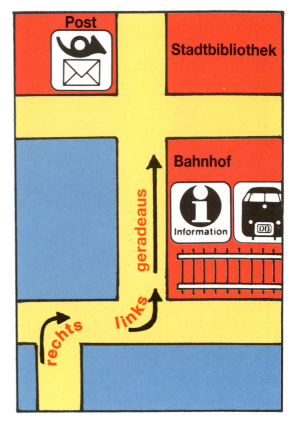

● Entschuldigung.
○ Ja bitte?
● Ich suche die City-Information.
○ Die City-Information? Die ist im Bahnhof.
● Und wo ist der Bahnhof?
○ Gehen Sie gleich rechts, dann links,
  dann geradeaus: Da ist eine Kreuzung,
  und rechts ist der Bahnhof.
● Vielen Dank.
○ Bitte.

 **A3**

## 2 City-Information

**Ein Hotel suchen**

Welches Hotel
nimmt die Frau?
Was kostet das?
Wo liegt das?

● Guten Abend, äh …
○ Guten Abend.
● Ich suche ein Hotelzimmer für etwa
  80 Mark.
○ Einen Moment, bitte! …
  Da gibt es zwei Hotels: das Hotel Central,
  das Einzelzimmer kostet da 80 Mark;
  und das Hotel Lindenhof, 70 Mark.
● Wo liegt das Hotel Lindenhof?
○ Das liegt im Zentrum.
● Gut, das nehme ich.
  Reservieren Sie bitte ein Zimmer für mich?
○ Ja, gerne. Wie ist Ihr Name, bitte?
● Mein Name ist …

 **A4**

Fragen Sie und
antworten Sie.

➔Ü1 – Ü5

| **A1** | Entschuldigung. | – Ja, bitte? |
| **A2** | Ich suche die City-Information. | – Gehen Sie links/rechts/geradeaus. |
| | Entschuldigung, wo ist die Post, bitte? | – Da ist eine Kreuzung, und da ist … . |
| | Danke. / Vielen Dank. | – Bitte. |

| **A3** | Ich suche ein Zimmer für etwa 70 Mark. | – Da gibt es das Hotel … . |
| **A4** | Wo liegt das Hotel? | – Im Zentrum. |
| | Reservieren Sie bitte ein Zimmer für mich? | – Gerne. Wie ist Ihr Name, bitte? |

# 3 Stadtplan

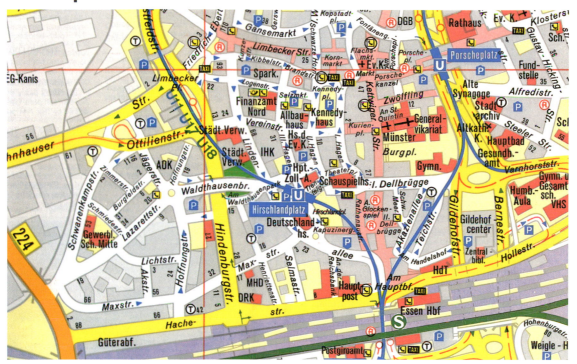

● Und wo liegt das Hotel genau?
○ Schauen Sie, hier, das ist ganz einfach:
  Gehen Sie die Kettwiger Straße
  Richtung Zentrum. Da ist der Markt …

# 4 Ankunft im Hotel

● Guten Abend!
○ Guten Abend, ja bitte?
● Äh, mein Name ist … Hlasek,
  ich habe bei Ihnen …
○ Laasek, Laasek, ja, Moment bitte!
  Laaasek? Wie schreibt man das?
● Mit **Ha** am Anfang.
○ Ach so, Haasek.
● Nein, Hlasek: Ha, **eL**, A, eS, E, Ka.
○ Ach so, mit Ha und eL: Hlasek Milena.
  Füllen Sie das bitte aus. …
  Sie haben Zimmer Nummer 12.

 **A5**

## Orientierung:
## Ort und Weg

Wo ist der Haupt-
bahnhof (Hbf)?
Wo ist die
Kettwigerstraße?
Und der
Kennedyplatz?

**A6**

Suchen Sie den Weg
vom Hauptbahnhof
zum Hotel.
Ist das weit?

→Ü6

**A7**

Sie sind im Bahnhof.
Wo ist das Münster?
Wo ist die
Ottilienstraße?

**A8**

**Anmeldung**
Wie heißt die Frau?
Wie schreibt man
den Namen?

→Ü7

| | | |
|---|---|---|
| **A5** | Wo ist das genau? | – Gehen Sie die …straße Richtung Zentrum, |
| **A6** | Wo liegt das genau? | dann links/rechts. Da ist … . |
| **A7** | Ist das (sehr) weit? | – Ja/Nein, zu Fuß etwa … Minuten. |
| **A8** | Guten Abend! | – Guten Abend! |
| | Mein Name ist … | – Wie schreibt man das? |
| | | Buchstabieren Sie bitte! |

## A9  5 Im Café

**Bestellen**

Was möchte Milena?
Was möchte Beatrix?

Milena hat in Essen eine Freundin: Beatrix van Eunen. Sie ist Holländerin.
Jetzt sitzen sie im Café. Sie studieren die Karte und bestellen …

### KLEINE KARTE

**HEISSE GETRÄNKE**

| | |
|---|---|
| Tee (mit Zitrone/Milch) | 3.90 |
| Kaffee | 3.90 |
| Espresso | 4.50 |
| Cappuccino | 4.90 |

**KALTE GETRÄNKE**

| | |
|---|---|
| Mineralwasser | 3.50 |
| Apfelsaft | 4.00 |
| Cola | 3.50 |
| Limonade | 3.50 |

**KUCHEN**

| | |
|---|---|
| Apfelkuchen | 4.50 |
| Käsekuchen | 4.50 |
| Nusstorte | 5.50 |
| Sachertorte | 6.00 |

**KLEINE SPEISEN**

| | |
|---|---|
| Salat-Sandwich | 7.50 |
| Käse-Sandwich | 8.50 |
| Salami-Sandwich | 8.50 |
| Schinken-Sandwich | 9.50 |
| Mini-Pizza | 7.00 |

● Guten Tag, was möchten Sie?
○ Tee, bitte!

● Mit Zitrone?
○ Ja, gerne.

■ Und ich nehme … äh … ein Mineralwasser und ein Sandwich, bitte!

● Mit Käse, mit Salat, mit Sa …?
■ Mit Käse, bitte.

● Ja, gerne.

○ Ich habe auch Hunger. Ich nehme auch ein Sandwich, mit Salat, bitte.

● Also, zwei Sandwich, einmal mit Salat und einmal mit Käse, einen Tee und ein Mineralwasser.

## A10

Spielen Sie den Dialog.
Variieren Sie den Dialog

→Ü8 – Ü11

| **A9** | Was möchte Milena? | – | Tee mit Zitrone/Cola/Mineralwasser. |
| | Und (was möchte) Beatrix? | – | (Sie möchte) einen Tee/Kaffee/Espresso/ Cappuccino/Apfelsaft/Kuchen. Eine Limonade/Cola/Pizza/Torte. Ein Sandwich/Mineralwasser. |
| **A10** | Ja bitte?/Was möchten Sie? | – | Kaffee/Cola/Mineralwasser, bitte! |
| | Und was nimmst du? | – | Einen Apfelkuchen. / Eine Pizza. / Ein Sandwich. |
| | Möchten Sie Tee oder Kaffee? | – | Einen Kaffee, bitte! |

## 6 Ein Tag in Essen

Milena und Beatrix machen Pläne für einen Tag in Essen. Sie lesen Prospekte und überlegen. Es gibt viele Möglichkeiten. Beatrix möchte ins Museum Folkwang. Da ist eine Ausstellung: „Vincent van Gogh". Milena möchte zuerst in die Stadt: das Münster, die Alte Synagoge, das Aalto-Theater, die Gruga-Halle. Alles ist interessant; und es gibt auch eine Stadtrundfahrt!

„Ach, komm doch mit!", sagt Milena. „Zuerst in die Stadt – und dann gehen wir zusammen zu Vincent van Gogh." – „O.K.", sagt Beatrix.

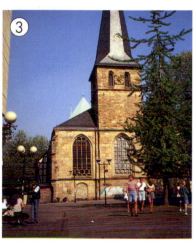

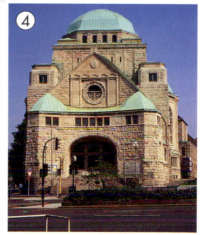

① **Aalto-Theater**
*Opernhaus von 1988: Oper, Musical, Ballett. Bus ab Hauptbahnhof.*

② **Gruga-Halle**
*Für 10 000 Menschen: Sport, Shows, Konzerte. U-Bahn ab Hauptbahnhof.*

③ **Münster**
*Hauptkirche von Essen, sehr alt (erbaut 1307).*

④ **Alte Synagoge**
*1913 erbaut, 1938 von den Nazis zerstört. Jetzt Museum.*

**A11**

**Pläne machen**
Was machen Milena und Beatrix?

➜ Ü12

**A12**

Was möchten *Sie* in Essen machen?

➜ Ü13 – Ü19

**A13**

**Eine Stadt vorstellen**

Sammeln Sie, notieren Sie: Was ist bekannt in Ihrer Stadt?

Museum
meine Stadt
Kirche

| A11 | Was machen Milena und Beatrix? | – (Sie machen) eine Stadtrundfahrt. |
| | Wohin gehen sie? | – (Sie gehen) ins Museum. |
| A12 | Was machen wir? | – Ich möchte ins Museum/Kino. |
| | Wohin gehen wir? | – Ins Münster/Theater. |
| | Wohin möchtest du? | – In die Alte Synagoge. |
| | Was machen wir am Abend? | – Ich weiß nicht. |
| | Gehen wir ins Kino/Theater? | – O ja, gerne. / Nein, lieber in die Gruga-Halle. |
| A13 | Was ist bekannt/interessant in …? | – In … ist der/die/das … sehr bekannt. |
| | Was gibt es in …? | – In meiner Stadt gibt es … . |

## 7 Aussprache

 **A14**

a) Lesen Sie halblaut mit.
b) Klopfen Sie den Rhythmus:
● laut, • leise.

→Ü20

**Rhythmus**　　　　　　　　　　　　　▷ S. 114 (C)

Bahn – hof　　　　am Bahn – hof　　　im Zug　　　die Stra – ßen – bahn

der Stadt – plan　　Rich – tung Zen – trum　　bis zum Markt　　Ho – tel

An – kunft im Ho – tel　　gu – ten A – bend　　Zim – mer 6　　dan – ke

 **A15**

**Sprechmelodie**

Sprechen Sie den Dialog.

→Ü21

**Akzent und Sprechmelodie**　　▷ S. 115 (G)　　**Fragen**

● Entschuldigung, ist das der Bus ins Zentrum?
○ Nein. Wohin möchten Sie denn?
● In die City-Information im Rathaus.
○ Im Rathaus?
● Ja.
○ Dann nehmen Sie den Bus Nummer 3.
● Danke.

Was kostet das?

80 Mark?

Wo wohnen Sie?

In Essen?

Nimmst du den Bus?

Wie bitte?

Was möchten Sie?

Tee?

Möchten Sie Kaffee?

**A16**

**Akzent und Sprechmelodie**

Sprechen Sie nach.

**A17**

**Fragen**

a) Lesen Sie die Fragen rechts laut.
b) Sprechen Sie den Text von A15.

→Ü22

WORTFRAGE:
Wie heißen Sie?

AUSSAGE:
Ich heiße Anna Müller.

SATZFRAGE:
Heißen Sie Müller?

RÜCKFRAGE:
Anna Müller?

Die Akzentsilbe spricht man etwas **höher.**
Die Sprechmelodie **fällt.**

Die Akzentsilbe spricht man etwas **tiefer.**
Die Sprechmelodie **steigt.**

 **A18**

**Wort-Karte „Stadtplan"**

a) Welche Wörter finden Sie auf dem Stadtplan?
b) Wo liegt der Bahnhof?
In der …straße. / Am …platz.

**A19**

**Orientierung**

a) Was sucht die Frau? Folgen Sie auf dem Stadtplan.
b) Was sucht der Mann?

## 8 Wortschatz

der Bahnhof
das Hotel
das Museum
die Kirche
das Kino
das Theater
die Post
die City-Info

(da) hinten　　(da) vorne

links　　rechts

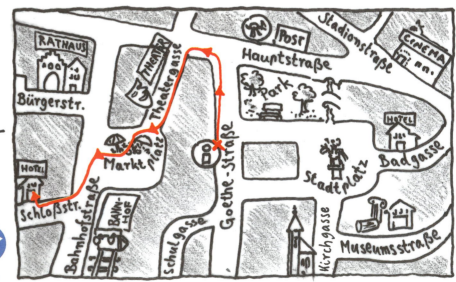

## 9 Grammatik

### Verb: Präsens

➜Ü3 – Ü5, Ü10

| | suchen | arbeiten | nehmen | haben | **sein** | **möch t–** |
|---|---|---|---|---|---|---|
| ich | such **e** | arbeit **e** | nehm **e** | hab **e** | **bin** | **möch t e** |
| du | such **st** ⚠ | arbeit **est** ⚠ | n**i**mm **st** ⚠ | **ha** st ⚠ | **bist** | **möch t est** |
| Sie | such **en** | arbeit **en** | nehm **en** | hab **en** | **sind** | **möch t en** |
| er / es / sie | such **t** ⚠ | arbeit **et** ⚠ | n**i**mm **t** ⚠ | **ha** t ⚠ | **ist** | **möch t e** |
| wir | such **en** | arbeit **en** | nehm **en** | hab **en** | **sind** | **möch t en** |
| ihr | such **t** | arbeit **et** ⚠ | nehm **t** | hab **t** | **seid** | **möch t et** |
| Sie | such **en** | arbeit **en** | nehm **en** | hab **en** | **sind** | **möch t en** |
| sie | such **en** | arbeit **en** | nehm **en** | hab **en** | **sind** | **möch t en** |
| PERSONAL-PRONOMEN | VERB: STAMM ENDUNG | | | | ⚠ | ⚠ |

### Satz: Satzfrage (positiv)

➜Ü15 – Ü18

| (Möchtest) | du | ins Museum? | – Ja. |
| | | | – Nein (, lieber in die Stadt). |
| (Gehen) | wir | ins Theater? | – Ja. |
| | | | – Nein (, lieber ins Kino). |
| (Ist) | das | weit? | – Ja. |
| | | | – Nein (, nur fünf Minuten zu Fuß). |

| SATZFRAGE | **+** |
|---|---|

(VERB)

| Ja. | **+** |
|---|---|
| Nein. | **–** |

### Satzfrage (negativ)

➜Ü15 – Ü18

| (Möchtest) | du | nicht ins Museum? | – Doch! |
| | | | – Nein (, lieber in die Stadt). |
| (Gehen) | wir | nicht ins Theater? | – Doch! |
| | | | – Nein (, lieber ins Kino). |
| (Ist) | das | nicht sehr weit? | – Doch! |
| | | | – Nein (, nur fünf Minuten zu Fuß). |

| SATZFRAGE | **–** |
|---|---|

(VERB)

| Doch! | **+** |
|---|---|
| Nein. | **–** |

# Musik: die „Young Gods"

**A1**

Wo spielen die „Young Gods" im Januar, im Februar, im …?

**A2**

a) Hören Sie ein Interview:
Wo spielen die „Young Gods" im April?
Wann sind sie in Japan?
b) Hören Sie und sprechen Sie nach.

➜Ü1 – Ü2

## 1 Die Welttournee

On the Road …
Die „Young Gods" sind immer auf Tournee. Ende Januar beginnen die Konzerte in der Schweiz. Im Februar gehen die „Young Gods" nach England, zwei Wochen lang: Konzert, Konzert, Konzert.
Im März Deutschland, dann Frankreich. Und im April gehen sie nach Amerika. Sieben Wochen sind die „Young Gods" da. Und weiter geht die Tour, immer weiter: Asien, Australien und zurück nach Europa. Woche für Woche, Monat für Monat: Die „Young Gods" on the road.

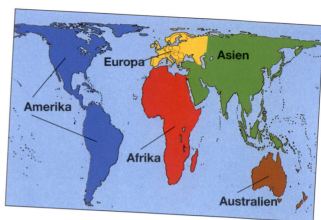

| | 1 | 2 | 3 | 4 | 5 | 6 | 7 | 8 | 9 | 10 | 11 | 12 | 13 | 14 | 15 | 16 | 17 | 18 | 19 | 20 | 21 | 22 | 23 | 24 | 25 | 26 | 27 | 28 | 29 | 30 | 31 |
|---|---|---|---|---|---|---|---|---|---|---|---|---|---|---|---|---|---|---|---|---|---|---|---|---|---|---|---|---|---|---|---|
| Januar | | | | | | | | | | | | | | | | | | | | | | CH: Club-Tour | | | | | | | | | |
| Februar | | | | | | | GB | | | | | | | | | | | | | | | NL | | | | | | | | | |
| März | | | D | | | | | | | | | | | | F | | | | | | | | | | | | | | | | |
| April | | Amerika | | | | | | | | | | | | | | | | | | | | | | | | | | | | | |
| Mai | | Amerika | | | | | | | | | | | | | | | | | | | Australien | | | | | | | | | | |
| Juni | | (Aus) | | | Japan | | | | | | | | | | | | GB, | | | | | D, CH: Open Airs | | | | | | | | | |
| Juli | | | GB, | | | | | D, CH: Open Airs | | | | | | | | | | | | | | | | | | | | | | | |
| August | | | | GB, | | | | | D, | | | | | CH | | | | | | | | | | | | S, FIN, N | | | | | |
| September | | | | | | | | A, | | | H, | | | CZ, | | | | PL | | | | | | | | | | | | | |
| Oktober | | | E, | | | P | | | | | | | | | | | | | | | | | | | | | | | | | |
| November | | | | | | | | | | | | | | | | | | | | | | | | | | | | | | | |
| Dezember | | | | | | | | | | | | | | | | | | | | | | | | | | | | | | | |

**A3**

a) Hören Sie und sprechen Sie nach.
b) Hören Sie das Interview von A2 noch einmal:
Wie lange spielen die „Young Gods" in Deutschland?
Wie lange sind sie in Amerika?

| 0 null | 1 eins | 6 sechs | 11 **elf** | 16 **sechzehn** |
|---|---|---|---|---|
| | 2 zwei | 7 sieben | 12 **zwölf** | 17 **siebzehn** |
| | 3 drei | 8 acht | 13 dreizehn | 18 achtzehn |
| | 4 vier | 9 neun | 14 vierzehn | 19 neunzehn |
| | 5 fünf | 10 zehn | 15 fünfzehn | 20 **zwanzig** |

| | | | |
|---|---|---|---|
| **A1** | Wo spielen die „Young Gods" im …? | – | In der Schweiz. / In England. |
| **A2** | Wann sind die „Young Gods" in …? | – | Im März. |
| **A3** | Wie lange sind sie in Deutschland? | – | Zehn Tage. / Etwa zwei Wochen. |
| | Wie lange spielen sie in Amerika? | – | Sieben Wochen. / Etwa zwei Monate. |

# 2 Die Musiker

Franz (30) kommt aus Genf, Alain (33) ist aus Fribourg, Urs (27) aus Zürich. Sie sprechen Schweizerdeutsch, Deutsch und Französisch.
Sie heißen „The Young Gods" und machen Musik, Rock-Musik. Franz ist Sänger, Alain spielt Sampler, Urs spielt Schlagzeug. Sie sind bekannt. Sie reisen, sie sind oft unterwegs und haben nie Zeit. Der Terminkalender ist immer voll.

**Informationen zu Personen**

Wer ist das?
Wer sind die „Young Gods"?

| Name | Fra |
|------|-----|
| Stadt | |
| Alter | |
| Instrument | |
| Beruf | |
| Muttersprache | |

**Franz**

**Urs**

**Alain**

A5

Vergleichen Sie mit Ihren Notizen. Ergänzen Sie.

→Ü3

| | | | |
|---|---|---|---|
| 21 einundzwanzig | 26 sechsundzwanzig | 40 vierzig | 90 neunzig |
| 22 zweiundzwanzig | 27 siebenundzwanzig | 50 fünfzig | 100 (ein)hundert |
| 23 dreiundzwanzig | 28 achtundzwanzig | 60 **sechzig** | 200 zweihundert |
| 24 vierundzwanzig | 29 neunundzwanzig | 70 **siebzig** | |
| 25 fünfundzwanzig | 30 **dreißig** | 80 achtzig | 1000 (ein)tausend |

A6

Fragen Sie und antworten Sie:
Wer ist das?
Wie alt ist er?
...

→Ü4 – Ü6

| **A6** | Wer sind die „Young Gods"? | – Das sind drei Rock-Musiker. |
|---|---|---|
| | Woher kommen sie? | – (Sie kommen) aus der Schweiz. |
| | Was machen sie? | – (Sie machen) eine Welttournee. |
| | Wie alt ist er/sie? | – Er/Sie ist dreißig (Jahre alt). |
| | Was macht er? | – Er macht Musik. / Er ist Sänger. |

 **A7**

## 3 Sampling: Zahlen und Musik

**Zahlen verstehen**

Welche Zahlen hören Sie?

→Ü7 – Ü14

---

**A8**

## 4 Das Konzert

**Gefallen/ Missfallen äußern**

Welche Musik gefällt Christian, Mario und Viktoria? Welche nicht?

a) Interview ①: Lesen Sie mit.

① 

| | | |
|---|---|---|
| Christian, wie findest du das Konzert? | ● ○ | Spitze, sehr gut. |
| Und die Musik? | ● ○ | Die Musik ist super! |
| Welche Musik hörst du gern? | ● ○ | Rock-Musik natürlich. |
| Was hast du nicht so gern? | ● ○ | Jazz. |
| Wie alt bist du? | ● ○ | Zweiundzwanzig. |
| Vielen Dank, Christian. | ● ○ | Bitte. |

**Christian**

b) Interview ②: Vergleichen Sie.

② 

Mario ist aus Innsbruck. Er ist 27 Jahre alt. Er mag die „Young Gods". Er findet die Musik gut. Aber das Konzert ist sehr laut. Er hört gern Musik. Und er spielt Klavier in einer Jazz-Band. Die Band spielt auch Volksmusik aus Italien.

**Mario**

c) Interview ③: Lesen Sie die Notizen.

③ 

> *Viktoria:*
> *- Konzert nicht schlecht*
> *- Sampling +*
> *- Klassik und Volksmusik + / Blues +++*
> *- Alter: 17*

**Viktoria**

---

 **A9**

**Über Musik sprechen**

Machen Sie ein Interview mit Ihrem Partner / Ihrer Partnerin.

→Ü15 – Ü16

| A8 A9 | | |
|---|---|---|
| | Wie findest du die Musik? | – Ich finde die Musik (sehr) gut. Super!/Spitze!/Toll! |
| | Welche Musik findest du (nicht) gut? | – Klassik. |
| | Welche Musik hörst du (nicht) gern? | – Volksmusik. |
| | Magst du Rock-Musik? | – Ja./Nein. |
| | Wie finden Sie das Konzert? | – Nicht schlecht. / Es geht. / Sehr laut. / Nicht so gut. / Schlecht. |
| | Haben Sie Jazz gern? | – Nein, (Jazz habe ich nicht so gern). |
| | Welche Musik hören Sie (nicht) gern? | – Marschmusik höre ich (nicht) gern. |

## 5 Der Zeitungsbericht

INNSBRUCKER STADTBLATT
20. September

*„The Young Gods" im Utopia. Sie mixen Mozart, Kurt Weill und Pink Floyd: explosive Musik von heute.*

### „Götter" im Utopia

(ml) „The Young Gods" – das ist eine Band aus der Schweiz. Franz Treichler, 30, kommt aus Genf, Alain Monod, 33, aus Fribourg und Urs Hiestand, 27, aus Zürich. Sie spielen seit zehn Jahren zusammen. Urs spielt Schlagzeug, Alain spielt Sampler, und Franz singt – auf Deutsch, Französisch und Englisch.

Sie sind auf Europa-Tournee. Heute im „Utopia" in Innsbruck, morgen schon in Prag. Und dann geht es weiter nach Polen, Spanien, Portugal. „Ich bin wie ein Ballon", sagt Franz, „immer unterwegs – on the road."

Das Konzert dauert drei Stunden. In der Pause frage ich Besucher: „Wie findet ihr die Musik?" – „Toll!" höre ich und „Super!" und „Spitze!", aber auch „Zu laut!"

Nach dem Konzert treffe ich die „Young Gods". Sie haben wenig Zeit. Ich stelle nur eine Frage: „Seid ihr zufrieden?" Und sie antworten: „Nein, wir sind nicht ganz zufrieden; das Konzert hatte zu wenig Magic." Und weg sind sie.

> „Young Gods" ⟷ Schweiz
> Franz Treichler, 30: Sänger
> Alain Monod, 33: Sampler
> Urs Hiestand, 27: Schlagzeug
>
> Frage: zufrieden?
> Antwort: „Nicht ganz.
> zu wenig Magic!"

> Europa-Tournee:
> Innsbruck → Prag →
> Polen → Spanien →
> Portugal:
> „on the road".
> Konzert:
> 3 Stunden
> Besucher: „Toll! –
> Super! – Zu laut."

THE YOUNG GODS

EINTRITT 14
Datum: 19/09/ Beginn: 20:30 Uhr
BANK AUSTRIA --- AUSTRIA CLUB
Tschamlerstr. 3 / Innsbruck / Tel.: 0512 / 58
Karte-Nr. 53

| WER? | „The Young Gods" – Franz – ... | = PERSON(EN) |
|---|---|---|
| WAS? | eine Band – spielen zusammen – ... | = HANDLUNG |
| WANN? | Heute – ... | = ZEIT |
| WO? | im „Utopia" in Innsbruck – ... | = ORT (STADT, LAND) |
| WIE? | Besucher: „Toll!" – ... <br> Urs: „nicht ganz zufrieden" – ... | = GEFALLEN/ MISSFALLEN |

A10

**Informationen in Texten**

Lesen Sie die Notizen und den Zeitungstext. Ordnen Sie die Notizen zu.

→Ü17 – Ü18

 7

A11

Lesen Sie den Zeitungstext.

Suchen Sie Antworten auf die Fragen: Wer? Was? Wann? Wo? Wie?

 8

→Ü19

A12

Fragen und antworten Sie.

A13

**Meinungen sagen**

Und wie finden *Sie* die Musik der „Young Gods"?

→Ü20 – Ü23

# 3

## 6 Aussprache

 **A14**

Hören Sie.

**Vokale**

▷ S. 112

**A15**

Sprechen Sie
die Ausrufe.

➔Ü24 – Ü25

---

 **A16**

Lesen Sie halblaut
mit. Achten Sie auf
den Akzentvokal:
_ lang oder . kurz.

**A17**

Sprechen Sie
die Termine.

➔Ü26 – Ü27

### Lange und kurze Vokale

▷ S. 113 (A)

| VOKALE | | |
|---|---|---|
| **lang:** | **kurz:** | |
| Basel [a:] | [a] | Halle |
| Wien [i:] | [ɪ] | Finnland |
| Jena [e:] | [ɛ] | Bern |
| Rom [o:] | [ɔ] | Bonn |
| Budapest [u:] | [ʊ] | Stuttgart |
| Zürich [y:] | [ʏ] | München |
| Österreich [ø:] | [œ] | Köln |

| TERMINE |  |  |
|---|---|---|
| im April | ➡ | in Dresden |
| im Juni | ➡ | in Jena |
| im Juli | ➡ | in Halle |
| im August | ➡ | in Frankfurt |
| im September | ➡ | in Wien |
| im Oktober | ➡ | in Graz |
| im November | ➡ | in Zürich |

---

**A18**

**Mind-map „Musik"**

a) Welche Fragen
passen zu ① – ④?
Wer macht Musik?
Was machen
Musiker?
Was macht eine
Band?
Welche Musikstile
gibt es?
Wie ist die Musik?
b) Zeichnen Sie Ihre
eigene Mind-map.

## 7 Wortschatz

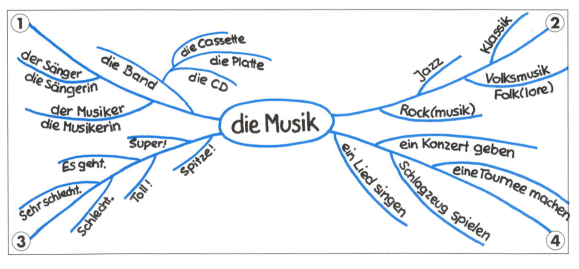

# 8 Grammatik

## Artikel-Wörter und Substantiv (1): Nominativ und Akkusativ

→Ü20 – Ü22

**Unbestimmer Artikel:**   **Bestimmter Artikel:**

Das   ist   **ein** Zeitungstext.

VERB — NOMINATIV

Wir   lesen   **einen** Zeitungstext.

VERB — AKKUSATIV

**Der** Zeitungstext informiert über die „Young Gods".

Lesen Sie **den** Text laut.

„Götter" im U

(ml) „The Young Go aus der Schweiz. kommt aus Genf, Fribourg und Urs Hi Sie spielen seit zehn spielt Schlagzeug, Al Franz singt – auf De Englisch.

Das ist **ein** Interview.

Max Lemper macht **ein** Interview.

**Das** Interview dauert zwei Minuten.

Wir lesen **das** Interview in der Zeitung.

Das ist **eine** Band.

Wir hören jetzt **eine** Rock-Band.

**Die** Band macht Rock-Musik.

Wie finden Sie **die** Band?

UNBESTIMMTER ARTIKEL (ein, ein, eine): unbekannt oder neu im Text

BESTIMMTER ARTIKEL (der, das, die): bekannt oder nicht neu im Text

| SINGULAR | MASKULIN | NEUTRUM | FEMININ |
|---|---|---|---|
| NOMINATIV | **der/ein** Text | **das/ein** Interview | **die/eine** Band |
| AKKUSATIV | **den/einen** Text | **das/ein** Interview | **die/eine** Band |

VERBEN — mit — AKKUSATIV : finden, machen, haben, singen, spielen, hören, sprechen, lesen, schreiben

→Ü23

## Null-Artikel

Die Young Gods machen ▢ Musik. Alain spielt ▢ Sampler, Urs spielt ▢ Schlagzeug.
Sie haben nie ▢ Zeit.
Christian hört gern ▢ Rock-Musik, aber ▢ Jazz gefällt ihm nicht.
Mario spielt ▢ Klavier in einer Jazz-Band; die Band spielt auch ▢ Volksmusik.

⚠  ▢ Musik machen/spielen/hören      ▢ Klavier/▢ Schlagzeug spielen      ▢ Zeit haben

# Zeit – Tagesablauf

 **A1**

Tageszeit,
Uhrzeit und
Begrüßung/
Verabschiedung

a) Wann ist das?
Wie spät ist es?
b) Wie geht es den
Leuten?

➔Ü1

**A2**

a) Wann sagt man
„Guten Morgen"?
Wann sagt man
„Gute(n) …"?
b) Wie ist das in
Ihrer Sprache?

## 1 Wie spät ist es?

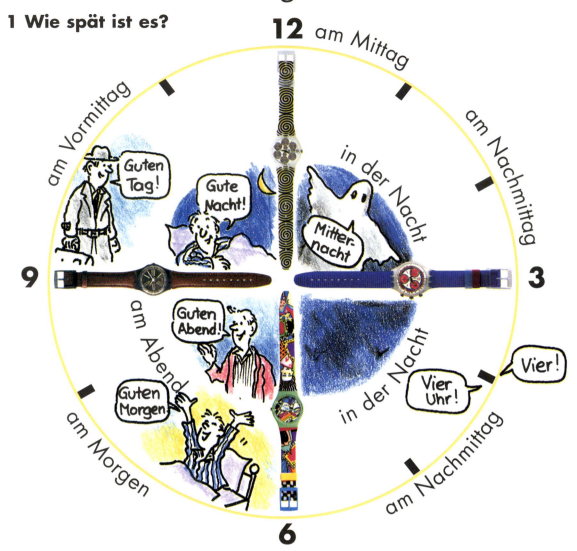

| | OFFIZIELL | INOFFIZIELL |
|---|---|---|
| 7.00/19.00 | sieben/neunzehn Uhr | sieben (Uhr) |
| 7.05/19.05 | sieben/neunzehn Uhr fünf | fünf nach sieben |
| 7.15/19.15 | sieben/neunzehn Uhr fünfzehn | Viertel nach sieben |
| 7.30/19.30 | sieben/neunzehn Uhr dreißig | halb acht |
| 7.45/19.45 | sieben/neunzehn Uhr fünfundvierzig | Viertel vor acht |
| 7.55/19.55 | sieben/neunzehn Uhr fünfundfünfzig | fünf vor acht |
| die Uhr: die Stunde – die Minute – die Sekunde | | |

 **A3**

Fragen und
antworten Sie.

➔Ü2 – Ü6

**A1** Wann ist das?      – Am Morgen/Nachmittag/Abend.
**A2** Wann sagt man „Guten Tag"?      – Am Vormittag und am Nachmittag.
**A3**      Etwa zwischen neun und achtzehn Uhr.

Wie spät ist es (jetzt)?      – Jetzt ist es … (genau) sechs (Uhr).

Viertel vor      Viertel nach
(sieben)      (sechs)

halb (sieben)

Guten Morgen. Wie geht es Ihnen/dir?      – Danke, gut. / Es geht. / Schlecht.
Wie geht's (dir/euch)?      Und Ihnen/dir?

# 2 Am Morgen ... am Mittag ... am Abend

**A4**

**Tagesablauf beschreiben**

Was macht Brigitte Bauer wann?

**A5**

Was passiert? Was hören Sie?

Um 6 Uhr 30 klingelt der Wecker. Brigitte Bauer steht nicht gern auf. Sie bleibt noch einen Moment liegen – fünf, sechs Minuten. Dann steht sie langsam auf. Zuerst duscht sie, und etwa um sieben Uhr frühstückt sie. Um 7 Uhr 15 geht sie los; der Bus fährt genau um 7 Uhr 21 ab.

Um 7 Uhr 34 kommt der Bus im Stadtzentrum an. Da steigt Brigitte Bauer aus und geht zu Fuß weiter. Zehn Minuten später, etwa um 7 Uhr 45, kommt sie im Büro an. Dort schaut sie erst einmal den Terminkalender an und plant den Arbeitstag.

**A6**

Was macht Max Lemper wann?

**A7**

Vergleichen Sie den Tagesablauf von Brigitte Bauer und Max Lemper. Wer steht wann auf? Wann beginnt die Arbeit?

→Ü7 – Ü10

Max Lemper erzählt: „Normalerweise stehe ich etwa um zehn Uhr auf. Dann frühstücke ich eine Stunde und lese Zeitung. So um ein Uhr gehe ich ins Büro. Dort arbeite ich etwa drei Stunden: Ich schreibe Texte und telefoniere. Um vier Uhr haben wir Redaktionskonferenz. Da diskutieren wir die Themen und Artikel: Kultur, Sport, Politik ...

Um sechs oder halb sieben treffe ich Freunde im Café; wir trinken ein Bier oder ein Glas Wein und erzählen.
Abends arbeite ich oft: Ich gehe ins Theater oder in ein Konzert. Etwa um Mitternacht komme ich nach Hause. Spät in der Nacht schreibe ich dann noch den Zeitungsbericht."

**A8**

Notieren Sie zuerst Ihren Tagesablauf. Fragen Sie dann Ihren Partner/Ihre Partnerin.

• aufstehen
• duschen
• Frühstück
• Bus/Auto
• Büro/Schule

| | | |
|---|---|---|
| **A7** | Wann klingelt der Wecker? | – Um 6 Uhr 30. |
| **A8** | Wann stehst du auf? | – Etwas später. / Fünf Minuten später. |
| | Wann frühstückst du? | – Etwa um sieben Uhr. |
| | Wann gehst du los/weg? | – Um Viertel nach sieben. |
| | Wann fährt der Bus ab? | – Der fährt um 7 Uhr 21 ab. |
| | Und wann beginnt die Arbeit? | – Um Viertel vor acht. |
| | Wie lange arbeitest du? | – Sieben bis acht Stunden am Tag. |
| | Und wann kommst du zurück? | – (So) um vier, halb fünf. |
| | Und wann stehen *Sie* auf? | – ... |

## A9  3 Im Büro

**Wochentage – Datum – Termine**

a) Was macht Brigitte Bauer am Dienstag von 10 bis 12 Uhr?
b) Wann ist der Termin mit Herrn Dietrich?
c) Warum sagt Brigitte B. am Telefon: „Nein, Herr Dietrich! – Moment, sind Sie noch da?"

→Ü11 – Ü14

| | 3. Montag | 4. Dienstag | 5. Mittwoch | 6. Donnerstag | 7. Freitag | 8. Samstag | 9. Sonntag |
|---|---|---|---|---|---|---|---|
| 08 | Krug | | Projekt MEDIA | Projekt MEDIA: Präsentation vorbereiten | Projekt CODA: Planung | | |
| 09 | Zink | Seminar | | | | | |
| 10 | | | | | | Yoga! | |
| 11 | | Dietrich ARZT! | | | | | |
| 12 | Essen! ♡ | | Tennis | Essen m. Marianne | Tennis | | |
| 13 | | | | | | | |
| 14 | Besprech. Dr. Meier | | MEDIA | | CODA | | |
| 15 | Korrespondenz | Projekt MEDIA | | MEDIA: Präsentation | | | |
| 16 | | | frei! | | | | |
| 17 | | | | | frei! | | |
| 18 | | | | | | | |
| 19 | | | Kino | ♡ | Max | | |

● Dietrich.

Hallo, Herr Dietrich. Hier ist Brigitte Bauer, ○ Contact AG. Herr Dietrich, der Termin am Dienstagvormittag passt leider nicht.

● Moment bitte! – Oh, das ist schlecht! Ich habe schon viele Termine die Woche.

Wie ist es am Mittwoch, den fünften März? ○

● Am Fünften ist alles voll.

Und am Montag, den Dritten? ○

● Ja, da geht's. Am Nachmittag, um 17 Uhr 30?

Oh, das ist gut. Vielen Dank! ○

● Also, am Dienstag, um 17 Uhr 30. Auf Wiederhören, Frau Bauer.

Nein, Herr Dietrich! ○ – Moment, sind Sie noch da? ...

● ...

---

## A10

Spielen Sie:
a) Notieren Sie Termine.

| 🕐 | 10. Mo | 11. Di | 12. Mi | 13. Do |
|---|---|---|---|---|
| 09 | | | | |
| 10 | | | | |
| 11 | | | | |

b) Rufen Sie Ihren Partner / Ihre Partnerin an. Suchen Sie einen Termin: Konzert, Sport, Essen, Kino, Deutsch lernen ...

| | | | |
|---|---|---|---|
| 1. der **erste** | 6. der sechs**te** | 11. der elf**te** | 20. zwanzig**ste** |
| 2. der zwei**te** | 7. der **siebte** | 12. der zwölf**te** | 21. der einundzwanzig**ste** |
| 3. der **dritte** | 8. der **achte** | 13. der dreizehn**te** | ⋮ |
| 4. der vier**te** | 9. der neun**te** | 16. der **sechzehnte** | 30. der dreißig**ste** |
| 5. der fünf**te** | 10. der zehn**te** | 17. der **siebzehnte** | 31. der einunddreißig**ste** |

**Tag und Monat:** Wann? – **Am** 11. März / 11. 3. = **Am** elf**en** März / elf**en** Dritt**en**.
**Jahr:** Wann? – 1998. = (**Im Jahre**) neunzehnhundertachtundneunzig.

**A9**  Dietrich.
**A10**  Moment bitte!
    Auf Wiederhören!
    Der Termin ... passt (leider nicht).
    Wie ist es am zehnten März?
    Und (geht es) am Dienstag, den Elften?

– Hallo, hier (ist/spricht) ...
– Sind Sie noch da?
– Wiederhören!
– Das ist gut/schlecht.
– Da ist alles voll.
– Ja, da geht's, am Nachmittag, um 17 Uhr 30.

# 4 Arbeit und Freizeit

Brigitte Bauer arbeitet die ganze Woche, von Montag bis Freitag. Am Vormittag und am Nachmittag hat sie viele Termine. Sie diskutiert und telefoniert, sie schreibt Briefe und Protokolle.

Mittags macht Brigitte zwei Stunden Pause. Sie geht etwas essen; und manchmal spielt sie eine Stunde Tennis, von 12 Uhr 15 bis 13 Uhr 15.

Etwa um halb sechs kauft sie ein und geht dann zu Fuß nach Hause. Am Abend geht sie manchmal ins Kino oder ins Konzert. Oft ist sie auch allein zu Hause; dann liest sie, sieht fern oder ruft Freunde an …

- ● Lemper.
- ○ Hallo, Max! Hier ist Brigitte …
- ● …
- ○ …

Am Wochenende hat Brigitte viel Zeit. Sie trifft Freunde und Bekannte; sie macht Ausflüge, geht wandern oder zelten, schwimmen oder segeln. Abends spielt sie Billard, kocht oder isst im Restaurant, schreibt Briefe …
Und am Morgen schläft sie ganz lange. Da klingelt kein Wecker!

| W O C H E | MO | DI | MI | DO | FR | SA | SO |
|---|---|---|---|---|---|---|---|
| | Montag | Dienstag | Mittwoch | Donnerstag | Freitag | Samstag | Sonntag |
| | | | | | | das Wochenende | |

**A12** Du, Max, ich koche Spaghetti.
Kommst du auch?      – Ja, gern. / Das geht leider nicht … .
**A14** Wann arbeitest du?      – Von Montag bis Freitag.
Machst du nie Pause?      – Doch, mittags von 12 Uhr 30 bis 13 Uhr 30.
Was machst du am Abend?      – Ich koche, gehe ins Kino, lese Zeitung … .

**A11**

**Wochenplan**

Wann hat Brigitte Bauer diese Woche Zeit?

(11)

**A12**

**Jemanden einladen**

Wen ruft Brigitte Bauer an? Was sagt sie?

**A13**

**Freizeit**

a) Was macht Brigitte Bauer am Wochenende? Sammeln Sie.
b) Was machen *Sie* arn Wochenende?

→Ü15 – Ü19

(12)

**A14**

Schreiben Sie einen Wochenplan. Fragen Sie dann Ihren Partner / Ihre Partnerin.

Sa | So
Park

→Ü20 – Ü26

## 5 Aussprache

▷ S. 113 (A)

**A15**

a) Lesen Sie
halblaut mit.

### Vokale: a, ä, e, i

[iː] Kino
viel
(er) sieht
ihr

*sieben/Musik*

b) Sprechen Sie die
Beispiele.

→ Ü27 – Ü30

[ɪ] ——trinken

*mittags/Schinken*

[eː] lesen
Tee
sehr

*lesen/Lehrer*

[ɛ] Fest
Männer

*Bett/Heft*

[ɛː] Käse
zählen

*Käse/erzählt*

[aː] Name
Staat
Zahl

*Abend/schlafen*

[a] ——Stadt

*ganz/lange*

---

**A16**

▷ S. 115 (G)

Lesen Sie halblaut
mit.
Achten Sie auf die
Sprechmelodie.

### Sprechmelodie

**Manchmal ist der Sonntag ein Fest!**

Es ist Sonntag, der Wecker klingelt nicht, und ich schlafe ganz lange.
Mittags stehe ich dann kurz auf und mache Frühstück. Es gibt alles:
Toast, Schinken, Salami, Käse, ein Ei, Marmelade, und viel, viel Kaffee!!
Dann frühstücke ich im Bett, lese Zeitung und höre Musik.
So fängt der Sonntag gut an!

---

**A17**

a) Lesen Sie
halblaut mit.

Es ist Sonntag, der Wecker klingelt nicht.

Es gibt Käse, Schinken, Tomaten und ein Ei.   Im Satz bleibt die **Sprechmelodie gleich.**

Sie liest die Zeitung, ein Buch oder hört Musik.

b) Sprechen Sie
den Text von A16.

Es ist Sonntag, der Wecker klingelt nicht, und ich schlafe ganz lange. ▼ ...

---

**A18**

## 6 Wortschatz

**Wort-Pfeil
„Tagesablauf"**

a) Was machen Sie
auch am Sonntag,
was nicht?
Ergänzen Sie.
Vergleichen Sie.
b) Wie ist Ihr
„Traum-Tag"?
Notieren Sie rund
um eine Uhr.

aufstehen · duschen · das Frühstück machen · frühstücken · losgehen · den Bus nehmen · ins Büro gehen · arbeiten · Pause machen · einkaufen · nach Hause gehen · zu Hause sein · essen · etwas trinken gehen · ins Kino gehen · in ein Konzert gehen · schlafen gehen

**6 Uhr 45** ———————————————— **23 Uhr 15**

## 7 Grammatik

### Trennbare Verben: Satzklammer

➜Ü8 – Ü10,
Ü22 – Ü23

| ( auf stehen ) | Wann | [ steht | Brigitte | | ( auf ? |
|---|---|---|---|---|---|
| | | [ Steht | sie | gerne | ( auf ? |
| | Nein, sie | [ steht | | nicht gerne | ( auf . |
| ( ab fahren ) | Wann | [ fährt | der Bus | | ( ab ? |
| | | [ Fährt | er | um 7 Uhr 30 | ( ab ? |
| | Nein, er | [ fährt | | um 7 Uhr 21 | ( ab . |
| ( vor stellen ) | | [ Stellen | Sie | Ihren Partner | ( vor ! |
| ( PRÄFIX VERB ) | | ( VERB ) | | | ( PRÄFIX ) |

| PRÄFIX: betont |
|---|

SATZKLAMMER

### Artikel-Wörter und Substantiv (2): Singular und Plural

➜Ü24 – Ü26

| SINGULAR | PLURAL |
|---|---|
| der/ein Tag | die/— Tag **e** |
| der/ein Brief | die/— Brief **e** |
| das/ein Jahr | die/— Jahr **e** |
| die/eine Stadt ⚠ | die/— Städt **e** |

| **1** der/ein das/ein | die/— **-e** |
|---|---|

| SINGULAR | PLURAL |
|---|---|
| das/ein Land | die/— L ä nd **er** |
| das/ein Haus | die/— H **äu** s **er** |

| **3** das/ein | die/— **¨-er** |
|---|---|

| die/eine Sprach**e** | die/— Sprache **n** |
|---|---|
| die/eine Stund**e** | die/— Stunde **n** |
| die/eine Reis**e** | die/— Reise **n** |
| der/ein Nam**e** ⚠ | die/— Name **n** |

| **2a** die/eine **-e** am Wortende | die/— **-n** |
|---|---|

| der/ein Sänger | die/— Sänger ☐ |
|---|---|
| das/ein Zimmer | die/— Zimmer ☐ |
| der/ein Morgen | die/— Morgen ☐ |
| das/ein Zeichen | die/— Zeichen ☐ |
| der/ein Artikel | die/— Artikel ☐ |

| **4** der/ein das/ein | –er –en –el | die/— ☐ |
|---|---|---|

| die/eine Zah**l** | die/— Zahl **en** |
|---|---|
| die/eine Zeitu**ng** | die/— Zeitung **en** |
| der/ein Men**sch** ⚠ | die/— Mensch **en** |

| **2b** die/eine **Konsonant** am Wortende | die/— **-en** |
|---|---|

| der/ein Ballon | die/— Ballon **s** |
|---|---|
| das/ein Hotel | die/— Hotel **s** |
| die/eine Band | die/— Band **s** |

| **5** Fremdwort (englisch, französisch) | die/— **-s** |
|---|---|

 **A1**   ## 1 Der Sprachkurs

**Über das Deutsch-Lernen sprechen**

a) Wie heißen die Personen? Woher kommen sie?
b) Lesen Sie die sechs Kurztexte: Was denken die vier über das Deutsch-Lernen?
c) Was denken *Sie*?

→Ü1 – Ü2

*Handwritten notes:*

- Ein guter Unterricht hat viele Spiele und interessante Dialoge.

Ich denke die Deutsche Präpisitionen sind sehr schwer. Das Deutsch "r" ist auch nicht leicht zu sprechen.

Eine guttes Lehrbuch ist mit Bilder und nicht zu langen Texten

Ich lerne Deutsch im Radio und im Fernseher. Ich spreche auch mit Deutschen Leuten.

Ich sehe Fern und versuche die Zeitung lessen

Ich denke guter unterricht ist in kleiner gruppen sprechen über intressantes Temen.

---

 **A2**

a) Warum lernen die vier Deutsch?
b) Und warum lernen *Sie* Deutsch?

→Ü3

Esther, Leslie, Anders und Elena machen einen Sprachkurs am Goethe-Institut in Bremen. Sie lernen seit zwei Monaten Deutsch. Esther und Elena kommen aus Spanien, Leslie kommt aus Texas/USA und Anders aus Trollhättan in Schweden.
Leslies Mutter ist Deutsche, und Leslie möchte gerne mit ihr Deutsch sprechen. Anders braucht Deutsch für seinen Beruf. Esther denkt, Deutsch ist gut für ihre Zukunft.

Und Elena meint, es ist heute sehr wichtig, Fremdsprachen zu lernen.
Und wie lernen die vier Deutsch? – Natürlich im Sprachkurs, jeden Tag vier Stunden. Und außerdem: Anders liest deutsche Zeitungen und spricht viel mit Deutschen; Leslie lernt Deutsch beim Radiohören und Fernsehen; Elena versucht auch, Zeitung zu lesen; und Esther hört auch viel Radio.

---

**A3**

Ein Interview mit Leslie, Anders, Esther und Elena:
a) Wen verstehen Sie am besten?
b) Wie lernen die vier Deutsch?

→Ü4

| A1 | Was denken Sie über die deutsche Sprache / das Lernen / den Unterricht / die Lehrbücher …? | – Ich denke/meine/finde: Deutsch ist schwer / nicht so schwer / leicht. Ich lerne (nicht) gerne … . Ein gutes Lehrbuch hat … . |
|----|----|----|
| A2 | Warum lernt Leslie/… Deutsch? | – Sie möchte gerne … . Er braucht Deutsch für … . |
| A3 | Wie lernt Leslie/… Deutsch? | – Sie hört Radio / sieht fern / liest … . |

## 2 Die Mediothek

**Sie können** mit Cassetten, Videos, Computer-
programmen, Büchern, Zeitungen,
Zeitschriften und speziellen
Arbeitsblättern mit Lösungen
(Grammatik, Hören, Lesen,
Schreiben, Diktat ...) noch mehr
Deutsch lernen.

**Sie können** Hilfe beim Lernen bekommen.

**Sie können** Bücher für 14 Tage,
Cassetten für 7 Tage ausleihen.

**Sie müssen** Ihren Goethe-Ausweis mitbringen.

① Sofort nach dem Unterricht, um 13 Uhr,
beginnt der Betrieb in der Mediothek:
Studenten kommen, bringen Bücher und
Cassetten zurück oder wollen neue
ausleihen. Sie haben Fragen, suchen ein
spezielles Programm oder wollen einen Film
ansehen.

Simone, die Leiterin der Mediothek, hilft,
informiert, berät. Sie sagt: „Am Anfang
denken die Studenten, dass die Grammatik
das größte Problem ist. Und dann sprechen
wir zusammen, und sie sehen dann: Deutsch
ist nicht nur Grammatik; Deutsch ist auch
Hören, Sprechen, Lesen."

② Etwa 160 Studentinnen und Studenten
lernen an diesem Institut Deutsch. Sie besuchen Grund-, Mittel- und Oberstufen-Klassen.
Die Kurse dauern zwei Monate; Unterricht ist
von Montag bis Freitag, immer vier Stunden
am Vormittag.

Und nachmittags von 13 bis 18 Uhr können
die Studierenden in die Mediothek gehen
und mit Cassetten, Videos und Computer-
Programmen weiter Deutsch lernen. Hier
kann jeder sein eigenes Programm suchen
und individuell lernen.

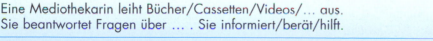

**A6** Eine Mediothekarin leiht Bücher/Cassetten/Videos/... aus.
Sie beantwortet Fragen über ... . Sie informiert/berät/hilft.

**A7** (Wie) kann ich Ihnen helfen?

Wollen Sie eine Grammatik
oder eine Cassette?
Wo/Was ist das Problem?
Da habe ich ein Übungsbuch.

– Haben Sie ein Programm zu den
  Modalverben?
– Eine Cassette. Kann ich die mit nach
  Hause nehmen?
– Die Präpositionen sind sehr schwer.
– ...

**A4**

**Informationen
zum Lernen
verstehen**

Sehen Sie die
Fotos an:
Was machen
die Studentinnen
und Studenten?

**A5**

Was kann man in
einer Mediothek
machen?
Was muss man
mitbringen?

**A6**

Lesen Sie Text ①:
Wie arbeitet
eine Mediothekarin?
Was ist
ihre Aufgabe?

→Ü5 – Ü8

**A7**

a) Ein Interview
mit Simone:
Wie hilft sie
den Studenten?
b) Spielen Sie
Dialoge.

→Ü9

**A8**

Lesen Sie Text ②:
Wie viele Stunden
Unterricht haben
die Studierenden
in der Woche? Wie
lange können sie
in der Mediothek
arbeiten?

→Ü10 – Ü13

# 5

**Ein Fest vorbereiten**

Was sehen Sie auf den vier Fotos?

 **A10**

a) Vergleichen Sie die Fotos und das Programm: Was paßt zu Foto ①, ②, ③, ④?
b) Lesen Sie den Text unten:
– Wer macht das Programm?
– Welche Länder erscheinen im Programm?

➜Ü14 – Ü16

(15)

## 3 Das Sommerfest

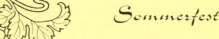

*Sommerfest*

### des Goethe-Instituts Bremen

| | |
|---|---|
| ab 16.00 Uhr | **Kaffee, Tee und Kuchen** im Aufenthaltsraum |
| 16.00 - 16.30 Uhr | **Bananen-Wettlauf** im Hinterhof |
| 16.30 - 17.30 Uhr | Das **Bremer Streichquartett** spielt im Aufenthaltsraum |

**Nepal**: Studenten und Studentinnen stellen ihr Land vor mit Dia-Vortrag und Video
(Raum 15)

**Japan**: Origami - Die japanische Kunst des Papierfaltens
Postkarten-Ausstellung
(Raum 12)

**Thailand**: 16.30-16.50  Dia-Vortrag, thailändischer Schmuck-Verkauf
16.50-17.10  thailändischer Sprachkurs (mit Text-wiedergabe - der/die beste Schüler/in bekommt einen Preis!)
17.10-17.30  thailändische Musik
(Raum 14)

| | |
|---|---|
| 17.30 Uhr | **Begrüßung** und **Eröffnung der Tombola** - der Erlös wird einer gemeinnützigen Organisation gespendet |
| 17.30-18.00 Uhr | **Internationale Tänze** (Schweden, Spanien ...) im Hinterhof |
| ab 18.00 Uhr | **Internationales Buffet** im Flur und im Aufenthaltsraum |
| 19.00 - 20.00 Uhr | Studenten und Studentinnen machen **Musik** im Hinterhof: **Amerikanische Gospels** - gesungen von Scott Moore **Japanische Lieder** **Gitarrenmusik** ... |
| 20.00 - 22.00 Uhr | **Big Band** mit **Tanzmusik** (und **Tanzwettbewerb!**) im Hinterhof - bei Regen in Raum 34 |
| ab ca. 21.00 Uhr | **Gewinnausgabe der Tombola** im Flur |
| ab 22.00 Uhr | **Disco** im Aufenthaltsraum |

160 Studentinnen und Studenten besuchen die Kurse; sie kommen aus 48 verschiedenen Ländern. Heute feiert das Institut sein Sommerfest. Es kommen viele Gäste.
Die Studierenden machen das Programm: Sie spielen Musik, zeigen Spezialitäten aus ihren Ländern; sie sind fröhlich, lachen, tanzen, unterhalten sich. Einige tragen Festkleider.
Die Atmosphäre ist wunderbar.

**A11**

„Kommst du mit zum/zur ...?"
Spielen Sie Dialoge.

**A11** Kommst du mit zum Sommerfest?　　　　　– Ja, gerne, was gibt es da?
Von 16 Uhr bis 16 Uhr 30 ist ein ...
Ab 18 Uhr gibt es ein ...
Um 20 Uhr spielt eine ...　　　　　　　　　– Sehr gut! Und was gibt es noch?
Was interessiert Sie besonders?　　　　　– Die internationalen Tänze und ...

Cyrus aus Nigeria trifft Pietro aus Italien, seinen Freund.
Cyrus spricht kein Italienisch, Pietro kann kein Englisch.
Also sprechen sie Deutsch, das ist hier ihre gemeinsame Sprache.
Und sie verstehen sich gut, wie man sieht. Cyrus erzählt von
einer Einladung bei einer deutschen Familie. Pietro berichtet von
einem Disco-Abend.

Und was machen Elena, Esther, Leslie und Anders?
Leslie bietet Spezialitäten aus Texas an. Sie verkauft gut: eine
Portion für zwei Mark.
Anders trinkt Bier und spricht mit Freunden.
Elena ist mit ihrem Freund zusammen. Sie lacht und freut sich;
aber er ist ganz ernst.
Esther träumt – oder ist sie traurig?

## A12

**An einem Fest teilnehmen**

Welche Personen auf den Fotos ⑤ – ⑩ kennen Sie? Was machen und denken sie?

## A13

Lesen Sie den Text. Vergleichen Sie mit den Fotos.

## A14

Sie gehen auf das Fest: Spielen Sie Dialoge.

## A15

Schreiben Sie eine Reportage über dieses Sommerfest.

→Ü17 – Ü19

| **A14** Hallo, wie geht's (dir)? | – Sehr gut, danke. / Nicht so gut. |
|---|---|
| Was machst du so? | – Ich bin oft mit Freunden zusammen, gehe ins Kino, in die Disco und tanze. |
| Was ist los mit dir? Bist du traurig? | – Nein, ich warte auf … . |
| Was verkaufst du da? | – Spezialitäten aus … . |
| Auf Wiedersehen! | – Wiedersehen!/Tschüs! |

>

5

## 4 Aussprache

**A16**

a) Lesen Sie die
Wörter halblaut mit.
b) Sprechen Sie
die Beispiele.
➜ Ü20 – Ü21

### Vokale: o, u

  ▷ S. 113 (A)

[oː]⟵ R**o**m / w**oh**nen / Z**oo**   M**o**ntag/Bür**o**

[ɔ]— k**o**mmen   w**o**llen/**O**sten

[uː]⟵ J**u**ni / **Uh**r   B**u**ch/s**u**chen

[ʊ]— Gr**u**ppe   K**u**rs/St**u**nde

**A17**

Lesen Sie halblaut
mit.
➜ Ü22

### Wortakzent

▷ S. 114 (D)

kommen   Stunde   Montag   suchen

Institut   Information   studieren

Der **Wortakzent** ist bei …

… **deutschen** Wörtern meist **am Anfang**.

… **internationalen** Wörtern meist
**am Ende**.

**A18**

Lesen Sie halblaut
mit. Achten Sie auf
den Satzakzent.

### Satzakzent

▷ S. 114 (E)

Leslie besucht einen Sprachkurs. Sie lernt
Deutsch. Die Grammatik findet sie nicht so
schwer. Es gibt viele gute Übungen.

Aber sie möchte auch ihre Aussprache
verbessern. Da gibt es leider sehr wenig
Übungen im Unterricht.

**A19**

a) Lesen Sie mit.

b) Lesen Sie den
Text A18 laut.
➜ Ü23

Ist die Aussprache wichtig?   (oder die Grammatik?)

Ist die Aussprache wichtig?   (oder unwichtig?)

Aussprache und Grammatik   (beides!)
sind wichtig!

Der **Satzakzent** ist auf dem
**Wort** mit der **zentralen**
Information.

Leslie besucht einen Sprachkurs. ↘ Sie lernt Deutsch.↘ …

**A20**

**Ausdrücke
kombinieren:
„In der Mediothek"**

Lesen Sie die Texte
von S. 31. Notieren
Sie Ausdrücke
mit Verben.

## 5 Wortschatz

Beispiel:  einen Film  ansehen

mit Arbeitsblättern   Bücher   ↔   bekommen
                                zurückbringen
ein Programm für Grammatik   Hilfe   suchen
                                ausleihen
mit einem Computer-Programm         hören
                            Deutsch lernen
Cassetten
Zeitungen und Zeitschriften   Radio   üben
                            lesen
mit Kolleginnen und Kollegen         sprechen

**A21**

Ihr Partner / Ihre
Partnerin sagt den
ersten Teil von
einem Ausdruck.
Ergänzen Sie den
zweiten Teil.

# 6 Grammatik

## Modalverben: Präsens

→Ü6, Ü8, Ü13

|  | können | wollen | müssen | dürfen | sollen | mögen |
|---|---|---|---|---|---|---|
| ich | kann | will | muss | darf | soll | mag |
| du<br>Sie | kann st<br>könn en | will st<br>woll en | muss t<br>müss en | darf st<br>dürf en | soll st<br>soll en | mag st<br>mög en |
| er<br>es<br>sie | kann | will | muss | darf | soll | mag |
| wir | könn en | woll en | müss en | dürf en | soll en | mög en |
| ihr<br>Sie | könn t<br>könn en | woll t<br>woll en | müss t<br>müss en | dürf t<br>dürf en | soll t<br>soll en | mög t<br>mög en |
| sie | könn en | woll en | müss en | dürf en | soll en | mög en |

## Modalverb und Verb: Satzklammer

→Ü7 – Ü8

| Die Studenten | ( können ) | für vierzehn Tage Bücher | ( ausleihen. ) |
|---|---|---|---|
| Sie | ( müssen ) | ihren Ausweis | ( mitbringen. ) |
| Sie | ( wollen ) | einen Film | ( ansehen. ) |

( MODALVERB )　　　　　　　　　　　　　( VERB )

SATZKLAMMER

## Modalverben: Bedeutungen

→Ü12 – Ü13

Was können/wollen/müssen/dürfen/sollen die Studenten machen?

Sie können in die Mediothek gehen.
Sie können dort Hilfe bekommen.
**MÖGLICHKEIT**

Sie können schon ganz gut sprechen.
Sie können die Texte verstehen.
**FÄHIGKEIT**

Sie müssen ihren Ausweis mitbringen.
Sie müssen die Bücher zurückbringen.
**NOTWENDIGKEIT**

Sie wollen einen Film ansehen.
Sie wollen Cassetten ausleihen.
**WILLE/ABSICHT**

Sie dürfen in der Mediothek arbeiten.
Sie dürfen hier aber nicht rauchen.
**ERLAUBNIS/VERBOT**

Sie sollen viel hören.
Sie sollen viel lesen.
**AUFTRAG/RAT**

Victoria mag klassische Musik.
Welche Musik mögen Sie nicht?
**VORLIEBE/ABNEIGUNG**

# Sprachen lernen

 **A1**

**Lernmöglichkeiten beschreiben**

a) Warum lernt Giovanna Deutsch?
b) Was macht Giovanna, was macht Herbert?

→Ü1

## 1 Lernen: wann, wo, wie?

Giovanna Rathmaier, von Beruf Apothekerin, kommt aus Mailand. Sie wohnt erst seit vier Monaten in Innsbruck. Der Grund: Ihr Mann Herbert ist Österreicher.
Giovanna hat zur Zeit keine Arbeit. Sie hat viel Zeit und lernt jeden Tag Deutsch. Zweimal in der Woche besucht sie einen Sprachkurs, am Abend von sechs bis acht Uhr. Sie will schnell Deutsch lernen: „Mein Beruf macht mir viel Spaß, und ich will bald wieder arbeiten."

Herbert Rathmaier ist Manager. Er kommt immer erst am Abend nach Hause. Dann sprechen Giovanna und er meistens Englisch. „Wir sprechen noch ziemlich viel Englisch miteinander. Aber Giovanna lernt schnell Deutsch, und ich lerne langsam Italienisch. Bald können wir uns auf Deutsch oder Italienisch unterhalten", sagt Herbert.

**A2**

a) Wie lernt Herbert Italienisch?
b) Wann braucht er die Sprache?

→Ü2

Ein Interview mit Herbert Rathmaier:

Herr Rathmaier, besuchen Sie ● eigentlich auch einen Italienischkurs?

○ Ja, aber nicht regelmäßig. Oft komme ich nicht früh genug zurück von der Arbeit. Und zu Hause lerne ich kaum mit dem Lehrbuch. Ich habe keine Zeit und keine Lust.

Wie lernen Sie dann Italienisch? ●

○ Wir sehen gemeinsam italienisches Fernsehen, und zu Hause läuft auch oft italienisches Radio.

**A3**

**Über Lernen sprechen**

In welchen Situationen lernen *Sie* Deutsch? Machen Sie ein Interview.

→Ü3 – Ü4

Verstehen Sie schon viel? ●

○ Es geht. ...

| A1 | Warum lernt Giovanna Deutsch? | – Der Grund ist: Sie will ... .  Sie möchte ... . |
|----|----|----|
| A3 | Wie oft lernen Sie Deutsch?  Wann und wo lernen Sie? | – Jeden Tag. / Zweimal in der Woche. ...  – Im Sprachkurs. / Beim Fernsehen. /  Ich höre (viel) Radio. / Ich lese Zeitungen. |
| | Können Sie Radio verstehen? | – Nicht gut. / Es geht. / Immer mehr.  Ich frage Freunde / meine Lehrerin ... |

# 2 Lerntechniken

① Im Deutschkurs von Giovanna sprechen die Kursteilnehmer und die Lehrerin über das Lernen. Dann schreibt Giovanna ihren Merkzettel.

> Merkzettel! Merkzettel!
>
> Ich kann *schon ziemlich viel verstehen.*
> Ich möchte *gut Deutsch sprechen.*
> Ich will *täglich eine Stunde lernen.*
> Ich darf *im Sprachkurs Fehler machen.*
> Ich muss *im Unterricht mehr fragen.*

② Inci, Akemi und Ismail arbeiten in einer Gruppe zusammen.
Sie haben Zeitungen, Magazine und Prospekte: Sie suchen darin Bilder und Wörter. Die Bilder und Wörter schneiden sie aus. Aus den Wörtern machen sie Sätze mit zwei Verben: mit einem Modalverb weit vorne und einem Verb am Satzende. Zu jedem Bild einen Satz. Die Wörter und die Formen müssen zusammenpassen. Die Sätze sollen grammatisch korrekt sein und auch einen Sinn haben. Sie fragen oft ihre Lehrerin, und die hilft. Am Schluss kleben sie die Bilder und die Sätze auf ein großes Blatt Papier. Das zeigen sie dann ihren Kolleginnen und Kollegen.

A6

**Sätze konstruieren**

a) Was machen Inci, Akemi und Ismail?
Sehen Sie die Bilder an. Lesen Sie dann Text ②.

b) Kleben Sie Sätze nach dem Muster.

→Ü8

| A5 | Welche Ziele hast du? | – Ich will sprechen können / Texte verstehen. |
| | Was möchten Sie können? | – Ich möchte die Leute verstehen. |
| **A6** | Wie arbeiten die Kursteilnehmer? | – In Gruppen. / Mit Partner(in). / Allein. |
| **A7** | Was machen Sie im Kurs (nicht) gern? | – Ich spreche/lese/schreibe … (nicht) gern. |
| | Was finden Sie (nicht) wichtig/leicht/schwer? | – Übungen / Cassette hören finde ich leicht. Ich finde Grammatik/Aussprache wichtig. |
| | Was gefällt Ihnen (nicht) gut? | – Mir gefällt Gruppenarbeit/Partnerarbeit … (nicht). |

A7

**Über Unterricht sprechen**

a) Was machen Sie gern im Unterricht?
b) Wie kann man sonst noch lernen?

→Ü9 – Ü15

# 6

## 3 Lerntipps

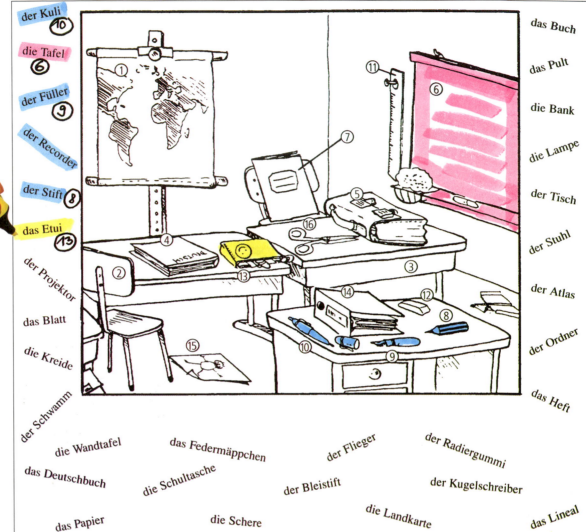

der Kuli ⑩
die Tafel ⑥
der Füller ⑨
der Recorder
der Stift ⑧
das Etui ⑬
der Projektor
das Blatt
die Kreide
der Schwamm
die Wandtafel   das Federmäppchen   der Flieger   der Radiergummi
das Deutschbuch   die Schultasche   der Bleistift   der Kugelschreiber
das Papier   die Schere   die Landkarte   das Lineal

das Buch
das Pult
die Bank
die Lampe
der Tisch
der Stuhl
der Atlas
der Ordner
das Heft

### A8

**Lerntipps verstehen und geben**

a) Wie finden Sie Giovannas Lerntipp?
b) Wie lernen *Sie* Wörter? Vergleichen Sie.

⑰

→Ü16 – Ü18

### A9

a) Was gibt es in Ihrem Klassenzimmer? Vergleichen Sie mit dem Bild oben.
b) Was möchten Sie in Ihrem Klassenzimmer haben, was nicht?

→Ü19 – Ü25

So lernt Giovanna neue Wörter:

„Nach dem Kurs schaue ich die Bilder im Lehrbuch noch einmal an und lese dazu meine Notizen aus dem Unterricht. Ich suche Wörter mit Artikel auf den Bildern. Dann male ich: Das Wort mit Artikel und den Gegenstand auf dem Bild male ich mit der gleichen Farbe an. Wörter und Gegenstände mit dem Artikel *der* mache ich blau, Wörter mit *die* rosa, Wörter mit *das* gelb. *Der* Tisch ist also blau.
Ich zeichne auch oft ein Bild mit den Wörtern und nehme wieder die gleichen Farben. Das mache ich gern, und das hilft mir beim Lernen."

| In meinem<br>In unserem | Kursraum<br>Klassenzimmer | gibt es | einen/keinen<br>eine/keine | Video-Recorder/…<br>Tafel/… | . |
|---|---|---|---|---|---|
| | | möchte ich | ein/kein<br>- - -/keine | Pult/…<br>Bänke/… | haben. |

| **A8** | Wie findest du den Tipp? | – Finde ich (sehr) gut / nicht so gut / schlecht. |
|---|---|---|
| | Wie lernen Sie Wörter mit Artikeln? | – Ich schreibe/markiere/spreche sie laut … |
| | Schreibst du alle Wörter ab? | – Nein, ich nehme sie auf Cassette auf. / … |

**①** Ich passe im Unterricht gut auf und frage oft. Die Lehrerin erklärt mir dann die Wörter oder die Grammatik. Zu Hause lerne ich nicht...

**②** Ich schreibe zu Hause alles ab. Dann lerne ich es. Und danach höre ich Musik und wiederhole noch mal. Das kann ich wirklich empfehlen...

**③** Die Grammatik ist für mich nicht schwer. Aber das Verstehen ist für mich wichtig. Deshalb höre ich oft die Cassette...

**A10**

Was sagen die Leute noch? Ergänzen Sie die Aussagen.

➡Ü26

**A11**

**Fragen zu Ihren Lernmethoden**

Wie lernen Sie? Notieren Sie. Vergleichen Sie die Antworten in der Gruppe.

(A) Wie oft wiederholen Sie?
(B) Was wollen Sie heute lernen?
(C) Erreichen Sie Ihr Ziel?
(D) Wie lange lernen Sie ohne Pause?

**A12**

a) Welcher Tipp passt zu welcher Frage?
b) Welcher Tipp ist für Sie interessant?
c) Können Sie selbst einen Lerntipp geben?

➡Ü27 – Ü28

**Tipp 1**
Planen Sie Ihr Lernen: Was wollen Sie genau lernen oder üben? Machen Sie für sich einen Zeitplan.

**Tipp 2**
Lernen Sie nicht zu viel auf einmal. Machen Sie nach einer halben Stunde eine Pause. Lernen Sie nach der Pause etwas anderes.

**Tipp 3**
Wiederholen Sie oft, aber wiederholen Sie immer anders. Wiederholen Sie auch gemeinsam mit anderen.

**Tipp 4**
Testen Sie selbst: Können Sie nach dem Lernen mehr verstehen? Können Sie mehr sagen? Verstehen Sie die Grammatik?

| A11 | Was tun Sie zu Hause? Was lernst du daheim? Wie lange lernen Sie am Tag? | – Ich mache Übungen im Arbeitsbuch / höre die Cassette / lese die Texte … <br> – Täglich eine Stunde. / Ich habe keine Zeit. / Nicht mehr als zwanzig Minuten. |
| --- | --- | --- |
| A12 | Welche Tipps können Sie mir geben? <br><br> Was kannst du mir empfehlen? | – Machen Sie sich einen Zeitplan. Planen Sie Ihr Lernen zu Hause. <br> – Du musst oft wiederholen und dich testen. |

## 4 Aussprache

▷ S. 113 (A)

**A13**

a) Lesen Sie halblaut mit.
b) Sprechen Sie die Beispiele.
→Ü29 – Ü30

### Vokale: ö, ü, y

[øː] ← hören / fröhlich    *schön/Österreich*

[œ] —— können    *möchten/zwölf*

[yː] ← Zürich / fühlen / Typ    *Bücher/Süden*

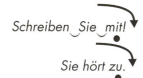
[ʏ] ← fünf / Rhythmus    *müssen/fünfzig*

**A14**

Lesen Sie halblaut mit.
→Ü31

### Wortakzent

▷ S. 114 (D)

aufnehmen   aussprechen   ankreuzen   nachsprechen

Der **Wortakzent** ist …
… bei **trennbaren** Verben auf dem **Präfix**.

beschreiben   vergleichen   erklären   entdecken

… bei **nicht trennbaren** Verben auf dem **Verb-stamm**.

**A15**

Sprechen Sie die Beispiele.
→Ü32

Verstehen Sie das?   Sprechen Sie bitte nach.   Schreiben Sie mit!

Möchten Sie etwas ausleihen?   Vergleichen Sie.   Sie hört zu.

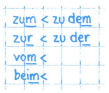

**A16**

**Bedeutung von Präpositionen (1)**

Welche Präpositionen finden Sie in den Ausdrücken?

zum < zu dem
zur < zu der
vom <
beim<

## 5 Wortschatz

**A Lokale Bedeutung:**
– zum Büro gehen
– aus dem Büro kommen
– vom Büro zurückkommen

**B Temporale Bedeutung:**
– nach dem Unterricht
– seit zwei Monaten
– beim Fernsehen lernen

**A17**

a) Zu welcher Gruppe A–D passen die Hörtexte 1–4?
b) Hören Sie noch einmal: Notieren Sie die Präpositionen.

**C Instrumentale Bedeutung:**
– mit Cassetten lernen
– mit dem Lehrbuch lernen

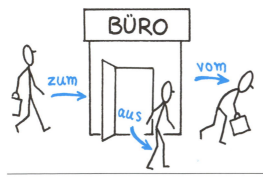

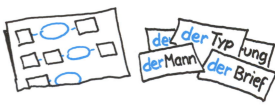

**D Begleitende Bedeutung:**
– Sätze mit einem Verb
– Wörter mit dem Artikel „der"

# 6 Grammatik

## Artikel-Wörter und Substantiv (3): Deklination

→Ü11 – Ü15
Ü20 – Ü21

| | | | |
|---|---|---|---|
| | | |  |

„Das ist **kein** Kugelschreiber, das ist **ein** Bleistift, **der** Bleistift von Hans!"

| | SINGULAR | PLURAL |
|---|---|---|
| **MASKULIN** | | |
| NOMINATIV | d**er** / ein / kein Satz | NOMINATIV / AKKUSATIV: |
| AKKUSATIV | d**en** / ein **en** / kein **en** Satz | |
| DATIV | d**em** / ein **em** / kein **em** Satz | di**e** / ▭ / kein **e** Sätze Wörter Gruppen |
| **NEUTRUM** | | |
| NOMINATIV | das / ein / kein Wort | |
| AKKUSATIV | das / ein / kein Wort | DATIV: |
| DATIV | d**em** / ein **em** / kein **em** Wort | |
| **FEMININ** | | |
| NOMINATIV | di**e** / ein **e** / kein **e** Gruppe | d**en** / ▭ / kein **en** Sätze**n** Wörter**n** Gruppe**n** |
| AKKUSATIV | di**e** / ein **e** / kein **e** Gruppe | |
| DATIV | d**er** / ein **er** / kein **er** Gruppe | |

(18)

## Possessivartikel und Substantiv

→Ü22 – Ü25

| PERS. PRON. | POSSESSIVARTIKEL + SUBSTANTIV: SINGULAR NOM. | | | PLURAL NOM. |
|---|---|---|---|---|
| SINGULAR | MASKULIN | NEUTRUM | FEMININ | |
| ich | mein Bleistift | mein Buch | mein **e** Cassette | mein **e** |
| du | dein Bleistift | dein Buch | dein **e** Cassette | dein **e** |
| Sie | Ihr Bleistift | Ihr Buch | Ihr **e** Cassette | Ihr **e** |
| er/es | sein Bleistift | sein Buch | sein **e** Cassette | sein **e** |
| sie | ihr Bleistift | ihr Buch | ihr **e** Cassette | ihr **e** Stifte Bücher Cassetten |
| PLURAL | | | | |
| wir | unser Bleistift | unser Buch | unser **e** Cassette | unser **e** |
| ihr | euer Bleistift | euer Buch | eu(e)r **e** Cassette | eu(e)r **e** |
| Sie | Ihr Bleistift | Ihr Buch | Ihr **e** Cassette | Ihr **e** |
| sie | ihr Bleistift | ihr Buch | ihr **e** Cassette | ihr **e** |

Auch im Akkusativ / Dativ Singular haben **mein** , **dein** , **Ihr** … die gleichen Endungen wie **ein** , **kein** . Akkusativ / Dativ Plural haben die gleichen Endungen wie **kein** .

# Farben, Häuser, Landschaft

 **A1** | **1 Farben**

**Farbnamen verstehen**

a) Sehen Sie die Häuser an: Wie viele Farben sehen Sie?

b) Wie heißen die Farben in Ihrer Muttersprache?

→Ü1 – Ü2

**A2**

a) Wie viele Stimmen hören Sie?

b) Sprechen Sie die Farbwörter: laut – leise, hoch – tief, langsam – schnell.

**A3**

Lesen Sie den Text als Dialog (mit 2, 3, 4, 5 Stimmen).

**A4**

Spielen Sie „Farbsymphonie".

→Ü3

**Grün**
**Blau**
**Grünblau**
**Blaugrün**
**Türkis**
**Türkis?**
**Ein schönes Wort: t ü r k i s**
**Ein schöner Klang**
**Und das: rot? blau?**
**Lila**
**L i l a**
**Türkis – lila – lilatürkis**
**Türlilakis!**
**Schöne Wörter**
**Schöne Klänge**
**Schöne Farben**

| **A5** | Wie finden Sie die Farben?<br>Gefallen dir die Farben?<br>Ist das grün oder blau? | – Schön! Das sind schöne Farben.<br>– Nein, die (Farben) gefallen mir nicht.<br>– Das ist blaugrün/türkis. |
| **A9** | Welche Farben mögen/lieben Sie (nicht)?<br>Welche Kleiderfarben tragen Sie (nicht) gern? | – Ich mag … (nicht) gern.<br>– Ich trage (nicht) gern … . |

# 2 Häuserfarben

A5

**Über Farben sprechen**

a) Wie finden Sie die Farben der Häuser?
Welche gefallen Ihnen?
Welche nicht?
b) Beschreiben Sie Ihr Lieblingshaus.

→Ü4 – Ü5

Ein Dorf in Irland.
Fünfzig oder sechzig Häuser.
Etwa dreihundert Menschen leben hier.

Die Häuser sind sehr bunt:
rosa, blau, rotbraun, türkis, lila, violett, oliv … .
Die Farben sind ein Kontrast zum Himmel. Der ist oft grau.

Überall malen Menschen ihre Häuser an;
und die Farben sind von Land zu Land verschieden.

Das Foto unten zeigt auch ein Haus.
Die Farbe ist Rotbraun; sie heißt auch „Siena" – ein schönes Wort?
Die anderen Farben sind Rosa und Schwarzgrün.
Und oben ist ein herrlicher blauer Himmel.

A6

a) Welche Farbwörter sind im Text?
b) Woher kommt das Farbwort „Siena"?

A7

Vergleichen Sie den Himmel auf den Fotos oben und unten.
Wo steht wohl das Haus unten?

→Ü6

A8

Gibt es typische Häuserfarben in Ihrer Stadt/ in Ihrem Land?

A9

Welche Farben lieben Sie? Welche Kleiderfarben tragen Sie gern?

→Ü7 – Ü10

 **A10**

**Landschaften beschreiben**

a) Sehen Sie die Fotos an und hören Sie zu.
b) Am Strand gehen: Hören Sie und spielen Sie.

# 3 Mensch und Landschaft

 **A11**

Lesen Sie den Text und notieren Sie alle „Raumwörter" (z. B. *weit*) und Farbwörter.

→Ü11 – Ü12

An der Nordsee.

Das ist der Strand von St. Peter.
Der Sand ist graubraun.
Der Himmel und das Meer sind blaugrau
und endlos weit.
Man kann stundenlang laufen;
der Strand ist nie zu Ende.

 **A12**

Lesen Sie den Text laut mit mehreren Stimmen (je ein bis zwei Sätze) und mit unterschiedlicher Betonung.

→Ü13 – Ü14

Ganz hinten steht ein Leuchtturm,
rot-weiß gestreift.
Zwei Häuser: die Dächer dunkelrot, die Wände weiß.
Das Land ist grün.
Ganz hinten ist das Meer.
Man kann es hören.
Nur wenige Menschen leben hier,
weit draußen an der Nordsee.

**A13**

Möchten Sie hier wohnen und leben? Warum (nicht)?

→Ü15

| **A11** Wie ist die Landschaft? | – Sie ist (endlos) weit. Der Strand ist nie zu Ende. |
|---|---|
| Wie sieht der Strand aus? | – Der Sand / Der Himmel / Das Meer ist … . |
| **A13** Möchten Sie hier leben/wohnen? | – Ja, der Strand ist so schön und … . Nein, hier leben zu wenige Menschen und … . |

# 4 Farbhäuser

A14

**Ein Bild beschreiben**

Wie finden Sie
das Bild,
die Farben,
die Komposition?

Villen am Hügel.
1911 malt Gabriele Münter dieses Bild und nennt es „Villen am Hügel".
Wir sehen vier große, blaugrüne Häuser.
Die Fenster sind schwarz, die Dächer rotbraun und schwarz.
Der Himmel ist groß und hellgelb.
Durch das Bild geht eine Linie von links oben nach rechts unten.
Das ist der Hügel.
Gabriele Münter malt ihn grün und grüngelb.
Die Häuser stehen schräg auf dem Hügel.
Davor stellt die Malerin schwarze Bäume, sehr einfach, fast primitiv.
Das Bild ist leer. Kein Mensch ist zu sehen.

A15

Lesen Sie den Text:
Ist die
Beschreibung genau?

→Ü16 – Ü17, Ü19

A16

Hören Sie den
Kommentar eines
Malers zum Bild
von G. Münter.
Vergleichen Sie mit
dem Text und mit
Ihrer Meinung.

→Ü18 – Ü21

| | | |
|---|---|---|
| **A14** | Wie finden Sie das Bild? | – (Es ist) schön / interessant / modern / nicht so gut / hässlich. |
| | Wie finden Sie die Farben? | – Komisch. / Zu grün. / Zu dunkel. / Zu hell. / Kalt. / … |
| | Gefällt dir die Komposition? | – Ja, gut. Sie ist harmonisch. Nein, sie ist (mir) zu abstrakt / zu … . |
| **A15** | Ist die Beschreibung genau? Stimmt die Beschreibung? | – Ja, es steht alles genau im Text. Nein, da fehlt etwas: … . Das ist nicht genau: … . |

## 5 Aussprache

  **A17**

**Diphthonge: ei/ai, eu/äu, au**

▷ S. 112

a) Lesen Sie
halblaut mit.
b) Sprechen Sie die
Beispiele.

→Ü22 – Ü24

[ai] ← ein / Mai

[ɔy] ← neun / Bäume

[au] — Pause

ke**i**n/Z**ei**t      h**eu**te/H**äu**ser      bl**au**/B**au**m

  **A18**

### Satzakzent

▷ S. 114 (E)

a) Hören Sie
den Text.
b) Schauen *Sie* aus
dem Fenster:
Was sehen *Sie*?

Ich schaue aus dem Fenster.
Ich sehe nur den Himmel und einen großen Baum.
Der Baum ist bunt. Es sind fast alle Farben:
Grün, Gelb, Orange, Rot und Braun.
Ich schließe die Augen und sehe ein Bild:
Da ist der Baum blau.

 **A19**

a) Hören Sie und
lesen Sie mit.
b) Sprechen Sie
den Text von A18.

→Ü25

Ich schaue aus dem Fenster.
•

Ich sehe viele rote und braune Dächer.
•
Der **Satzakzent** ist meist am **Satzende**.

Der Himmel ist grau und blau.
•

Ich schaue aus dem Fenster. ↘ Ich sehe …
•

 **A20**

## 6 Wortschatz

**Wörter-Bild:
„Landschaft"**

a) Welche Wörter
finden Sie?
Lesen Sie laut und
notieren Sie.
b) Machen Sie ein
Wörter-Bild aus
*Himmel, Wolke,
Weg, Dorf, Villa,
Kreuzung … .*

```
                                    l
                                    e
                        b  b        u           c
                 g e l   a    a      h    strand  meer w
              ü       h     u   m    t  l s  and  meer a
          h         ü          m     t  a strand  meer s
                  g e l               u  n s and  meer s
                ü       e             r  d strand  meer e
            h               l        r  s and   meer r
                                    m m m
```

**A21**

Zeichnen Sie alle
Wörter aus A20 in
einem Bild oder
machen Sie Ihr
eigenes Wörter-Bild.

```
          h
          a u
        h a u s
        h a u s
        h a u s                k              h
                          k       platz  p   at  au
                          i       l a z   l   a rathaus
                          r c    l     a  t rathaus
       s                  kirch   a     t  z platz rathaus
   stadt t stadt          kirche  t        
     stadt r stadt                z platz
       stadt a stadt
            ß
            e
```

# 7 Grammatik

## Adjektiv: prädikativ

➡Ü4

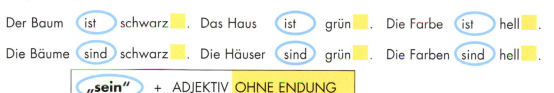

Der Baum (ist) schwarz▮. Das Haus (ist) grün▮. Die Farbe (ist) hell▮.

Die Bäume (sind) schwarz▮. Die Häuser (sind) grün▮. Die Farben (sind) hell▮.

| „sein" | + | ADJEKTIV | OHNE ENDUNG |

## Attributives Adjektiv (1): Nominativ

➡Ü5, Ü10,
Ü16 – Ü17

SINGULAR: MASKULIN

Das ist

| ein | schwarz | e r | Baum. |
| Der | schwarz | e | Baum | steht auf dem Hügel.

| ein | schwarz e|r| |
| de|r| schwarz e |

NEUTRUM

Das ist

| ein | grün e s | Haus. |
| Das | grün e | Haus | steht auf dem Hügel.

| ein | grün e|s| |
| da|s| grün e |

FEMININ

Das ist

| eine | hell e | Farbe. |
| Die | hell e | Farbe | gefällt mir.

| ein|e| hell e |
| di|e| hell e |

PLURAL:

Das sind

| ▭ | schwarz | e | Bäume. |
| ▭ | grün | e | Häuser. |
| ▭ | hell | e | Farben. |

| Die | schwarz | en | Bäume | gefallen mir.
| | grün | en | Häuser |
| | hell | en | Farben |

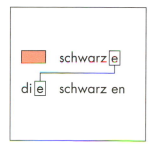

▭ schwarz|e|

di|e| schwarz en

| ART. + | ADJEKTIV MIT ENDUNG | + | SUB-STANTIV |

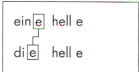

| UNBEST. ART. + ADJ. |
| BEST. ART. + ADJ. |

⚠ Die Farben sind dunk**el**. Das sind dunk**l**e Farben.

# Wohnen

 **A1**

## 1 Die Turmwohnung

**Räume und Maße: Vermutungen äußern**

Schauen Sie die Bilder an: Wo wohnt Peter Probst wohl? Wie groß ist seine Wohnung? Was tut er wohl?

→Ü1 – Ü3

 **A2**

**Vermutungen überprüfen**

Wo wohnt Peter Probst? Wie groß ist die Wohnung? Was tut er? Wie hoch ist der Turm?

- ● Herr Probst, Sie wohnen in einem Turm …
- ○ Ja, das stimmt. Ich wohne hier im Münster von Bern, also mitten in der Stadt. Das klingt wie in einem Märchen, aber es ist wahr. Ich bin nämlich der Turmwächter und verkaufe den Touristen Eintrittskarten und erzähle ihnen etwas über Bern.
- ● Und wie hoch ist der Turm?
- ○ Der Turm ist genau 100 Meter hoch. Aber ich lebe mit meiner Frau hier oben auf etwa 50 Meter Höhe.
- ● Wie lange schon?
- ○ Seit zehn Jahren. Und uns gefällt es immer noch. Die Aussicht ist großartig.
- ● Und wie groß ist die Wohnung?
- ○ Das ist eine 4-Zimmer-Wohnung, ziemlich groß, etwa 200 Quadratmeter. Wir haben zwei Zimmer und ein Büro, dann Küche, Bad und WC … und eine Terrasse mit einer wunderschönen Aussicht. Im Sommer haben wir im zweiten Stock oben noch ein riesiges Zimmer – zehn Meter lang und zehn Meter breit –, aber im Winter kann man da nicht heizen.
- ● Haben Sie einen Keller?
- ○ Was meinen Sie? Haha!
- ● Und wie oft kaufen Sie ein?
- ○ Jeden Tag, da gehen wir die Treppe rauf und runter. Ich mache das meistens viermal pro Tag – das sind etwa tausend Stufen! Aber das ist gesund, da bleibe ich fit.

 **A3**

Möchten Sie in einem Turm wohnen? Diskutieren Sie.

| **A1** | Peter Probst wohnt wahrscheinlich in … . (Ich denke,) das ist vielleicht … . Wie groß ist die Wohnung wohl? | Er ist vermutlich … . Ich weiß (es) nicht. Ich vermute, er … . – Etwa … Quadratmeter. |
|---|---|---|
| **A3** | **+** Ich finde es schön da oben. Die Aussicht ist so schön. Die Idee gefällt mir. Man hat keine Nachbarn … . | **–** Ich brauche Menschen um mich. Man ist (so) isoliert. Man sieht nur Himmel. Ich glaube, da wird man komisch. |

## 2 Wo wohnen Sie?

Vom Berner Münster aus hat man eine wunderschöne Aussicht auf die ganze Region.
In der Stadt und in der Region Bern wohnen ungefähr 300 000 Menschen.
Wir haben vier von ihnen befragt: Wo und wie wohnen Sie?

### Eine junge Ausländerin
Sie hatte früher eine Wohnung im Stadtzentrum. Sie war ein richtiger Stadtmensch,
war gerne im Kino oder im Konzert. Aber …

### Ein alter Mann
Er wohnt schon lange in der Altstadt von
Bern – mitten im Zentrum. Das Haus ist uralt.
Aber jetzt ist es komplett renoviert. Alles
sieht wie neu aus, und das findet er schön.
Aber …

### Eine Schweizerin
Sie wohnt jetzt am Stadtrand. Ihre Wohnung
ist ganz modern und hat fünf Zimmer. Sie
findet die Wohnung sehr praktisch und
komfortabel. Auch ihre Kinder sind dort
zufrieden. Sie haben drei Gründe …

### Ein Student aus Norddeutschland
Er wohnt in einem Neubauviertel, und da
gefällt es ihm: Es ist immer etwas los! Er
wohnt in einem Hochhaus, 14 Stockwerke
hoch; die Aussicht von da ist phantastisch!
Aber …

② Wohnsiedlung am Stadtrand

③ Bauernhaus auf dem Land

① Blick vom Münster: die Altstadt von Bern

④ Hochhaus in einem Neubauviertel

| **A7** | Wo wohnen Sie? / Wo wohnst du? | – Ich wohne in … . |
|---|---|---|
| | Wo genau (ist das)? | – Am Stadtrand. / Im Zentrum. / Auf dem Land. / In der Stadt. |
| | Seit wann wohnen Sie hier? | – Seit … Jahren. / Seit 1990. |
| | Wie ist deine Wohnung? | – (Sie ist) groß/komfortabel/hell/klein/ eng/dunkel. |
| | Was sind die Vorteile? | – Das Haus ist renoviert / direkt im Zentrum. Die Wohnung ist billig/ruhig. |
| | Was sind die Nachteile? | – Es ist sehr laut. / Die Miete ist sehr hoch. |

**A4**

Wohnort und
Wohnqualität
beschreiben

Lesen Sie die Texte.
Wo wohnen
die Leute?
Welches Bild passt?

**A5**

Hören Sie die vier
Interviews:
Wo haben die
Leute früher
gewohnt?
Wo wohnen die
Leute jetzt?

➜ Ü4

**A6**

Hören Sie die
Interviews von A5
noch einmal.
Notieren Sie
Vorteile und
Nachteile.

➜ Ü5 – Ü6

**A7**

a) Wie wohnt
Ihr Partner/
Ihre Partnerin?
Fragen Sie und
notieren Sie.
b) Erzählen Sie.

➜ Ü7 – Ü11

 **A8**

**Wohnungs-
einrichtung:
über Qualität und
Preis sprechen**

Ist Ihnen der
Verkäufer
sympathisch? Was
wollen Heinz und
Elena kaufen?
Was möchte der
Verkäufer?

→Ü12

# 3 Die neue Wohnung einrichten

Elena und Heinz haben seit einer Woche eine neue Wohnung in einem Wohnblock im Zentrum.
Sie gehen in ein Geschäft. Sie wollen etwas kaufen.

● 5998 Mark.

○ Ganz schön teuer.

● Aber das ist ohne Herd!

■ Ohne Herd? Das ist doch keine Küche!

● Der Herd ist nicht dabei.

○ Was kostet der denn etwa?

● Zwischen 900 und 3500 Mark.

■ Also kostet das Ganze etwa 8000 Mark?

● Ja, aber ohne die Schränke, die
gehören nicht dazu. Aber sehen Sie, die
Küche ist hell und modern. Sehr praktisch:
genug Regale, zwei Spülbecken, viel
Platz zum Kochen.

○ Ja, das schon, aber ...

■ Also 10 000 Mark, dann ist die Küche
komplett.

● Ja, so ungefähr – nur die Geschirrspülmaschine ... Haben Sie sonst noch Fragen?

○ Ja, haben Sie auch billige Küchenstühle
aus Plastik?

 **A9**

a) Spielen Sie
den Dialog.
b) Variieren Sie
den Dialog.

→Ü13 –Ü14

| A9 | Wie teuer ist die Küche? | – (Etwa) 6000 Mark. |
|----|--------------------------|---------------------|
| | Ist das der Preis mit Herd? | – Ja, der Herd ist dabei. / Nein, der gehört nicht dazu. |
| | Was kostet (denn) alles zusammen? | – 10 000 Mark komplett. Das ist nicht teuer/preiswert/billig. |
| | Das ist aber ganz schön teuer! | – Das schon, aber sie ist hell/originell … |
| | Haben Sie auch billige Küchenstühle? | – Ja, hier bitte. Nur 25 Mark das Stück. |
| | Ja, die nehme ich / nehmen wir. Hm, haben Sie noch andere? | – Aber sicher, da hinten … |

# 4 Die neue Wohnung: Einweihungsparty

A10

**Über Wohnräume sprechen**

Wo spielen die vier Dialoge?
Wer spricht:
der Gastgeber/
die Gastgeberin/
die Gäste?
Raten Sie.

① ● Das Wohnzimmer finde ich originell.
○ Originell? Mir gefällt es überhaupt nicht. Da passt ja nichts zusammen! Schau mal: Das Sofa ist schwarz und rund, der Sessel ist blau und eckig – das geht nicht. Und der Teppich gelb, der Boden blau, und dazu die Möbel aus Holz, und oben an der Decke der Ventilator – schrecklich!

② ● Entschuldigung, wo ist bitte die Toilette?
○ Wie bitte?
● Ich suche die Toilette.
○ Ach so. Im Flur, zweite Tür rechts.
● Danke.

③ ● Schau mal, da an der Wand, die Posters und Fotos! Gefallen die dir?
○ Ja, sicher. Das da hab ich auch.
● Und die Bilder – ziemlich alt. Sind die wohl echt?
○ Glaub ich nicht.
● Und da, ein Bild von van Gogh!
○ Wo denn?
● Da hinten, im Schlafzimmer.
○ Ach so, das gelbe Zimmer.

④ ● Schön, wirklich schön. Ich gratuliere!
○ Ja, uns gefällt es auch. Aber hier im Büro ist noch Unordnung. Hier stellen wir dann den Computer hin und dort das Bücherregal. Tja, dann sind wir schon fast fertig. Dann bleibt nur noch die Küche …

A11

Hören Sie die Dialoge noch einmal und schauen Sie die Personen genau an: Finden die Gäste die Wohnung schön? Was gefällt ihnen (nicht)?

→Ü15 – Ü16

| A11 | Entschuldigung, wo ist …?<br>Gefällt dir/Ihnen das …? | – In der Küche. / Im Flur. / Im Wohnzimmer.<br>– Ja, (es gefällt mir) sehr gut. /<br>Ja, das passt gut (zusammen).<br>Nein, (es gefällt mir) überhaupt nicht. /<br>Nein, das passt nicht. Das ist zu groß/klein. |
| --- | --- | --- |
| | Das ist aber originell! | – Das finde ich auch/nicht. |
| | Der Sessel ist rund / eckig / aus Holz / aus Plastik. Die Möbel sind modern/alt … | |

# 5 Das gelbe Schlafzimmer

 **A12**

**Ein Zimmer beschreiben**

Was ist im Zimmer von van Gogh? Suchen Sie Gegenstände im Bild.

→Ü17 – Ü18

 **A13**

Wie finden Sie das gelbe Schlafzimmer? Begründen Sie Ihre Meinung.

In einem Brief an seinen Bruder Theo aus dem Jahre 1888 beschreibt Vincent van Gogh sein Schlafzimmer: „Die Wände sind von blassem Violett. Der Fußboden hat rote Ziegel. Das Holz des Betts und die Stühle sind gelb wie frische Butter, das Laken und die Kopfkissen sehr helles grünliches Zitron. Die Bettdecke scharlachrot. Das Fenster grün. Der Waschtisch orange, das Waschbecken blau. Die Türen lila. Und das ist alles – Porträts an den Wänden und ein Spiegel und ein Handtuch und ein paar Kleider."

 **A14**

Und Ihr Zimmer: Wo ist was? Zeichnen Sie einen Plan und notieren Sie wichtige Gegenstände (Möbel …).

 **20**

→Ü19 – Ü21

 **21**

→Ü22 – Ü36

## Das gelbe Schlafzimmer

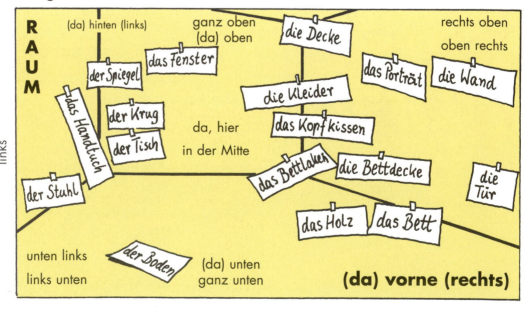

## 6 Aussprache

### „Murmelvokale"

▷ S. 113 (B)

**A15**

[ə] ——— dank**e**

beschr_ei_ben/N_a_me

[ɐ] ← Partn**er**
se**hr**
v**er**gleichen

Z_i_mmer/h_ie_r/erz_ä_hlen

a) Lesen Sie
halblaut mit.
b) Sprechen Sie die
Beispiele.

→Ü37 – Ü39

### Wortakzent: Komposita

▷ S. 114 (D)

**A16**

a) Hören Sie den
Text.
b) Lesen Sie die
Einladung vor.

## Lieber Peter!

Endlich habe ich meine Traumwohnung! Wo???
Natürlich im Stadtzentrum – Hochhaus – 12. Etage!
Du weißt, ich bin ein Stadtmensch und liebe den Blick
über die Dächer und das bunte Lichtermeer in der Nacht …
Am 10. Mai ist Einweihungsparty – ab 19 Uhr.
Ich freue mich auf dich

### deine Anne

Kannst du einen Tomatensalat mitbringen?

22

**A17**

| Traum und Wohnung | → | Traumwohnung |
| Stadt und Zentrum | → | Stadtzentrum |
| Tomaten und Salat | → | Tomatensalat |

**Komposita** werden meist
auf dem **ersten Wortteil** betont.

a) Lesen Sie mit.
b) Sprechen Sie
den Text von A16.

→Ü40 – Ü41

## 7 Wortschatz

das Haus    der Keller    das Erdgeschoss/Parterre
der erste Stock    das Stockwerk    der Dachboden
das Dach    der Kamin / der Schornstein    die Tür
die Treppe    die Stufe    der Raum / das Zimmer
die Wand    die Decke    der Boden    das Fenster

**A18**

**Wort-Häuser**

a) Zeichnung und
Wörter: Wo ist was?
b) Zeichnen Sie ein
Haus. Schreiben Sie
die Wörter hinein.

alt – neu

breit – schmal

groß – klein

eng – weit

hell – dunkel

hoch – niedrig

rund – eckig

billig – teuer

modern –
    altmodisch

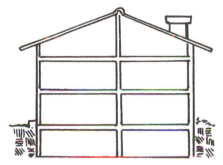

**A19**

Beschreiben Sie die
Häuser auf dem
Foto. Benutzen Sie
die Adjektive.

**A20**

Schauen Sie das
Foto an und hören
Sie zu:
Wo wohnt Eva?

# 8 Grammatik

→Ü9 – Ü10   **Verb und Ergänzungen (1)**

### 1. Subjekt und Nominativergänzung

| | | |
|---|---|---|
| Herr Probst | ist | Turmwächter. |
| Der junge Mann | ist | Student. |

VERB

| SUBJEKT<br>Wer? oder Was? | NOMINATIVERGÄNZUNG<br>Wer? oder Was? |
|---|---|

### 2. Subjekt und Akkusativergänzung

| | | | |
|---|---|---|---|
| Herr Probst | hat | eine große Wohnung. | |
| Die Wohnung | hat | zwei Zimmer, eine Küche und ein Bad. | |
| Die Studentin | sucht | ein Zimmer. | |
| Sie | ruft | ihre Freundin | an. |

VERB

| SUBJEKT<br>Wer? oder Was? | AKKUSATIVERGÄNZUNG<br>Wen? oder Was? |
|---|---|

### 3. Subjekt und Dativergänzung

| | | |
|---|---|---|
| Das Bild | gehört | meinem Freund. |
| Elena | gefällt | mir. |

VERB

| SUBJEKT<br>Wer? oder Was? | DATIVERGÄNZUNG<br>Wem? |
|---|---|

VERBEN — mit — DATIV : gehören, gefallen, fehlen, passen; helfen, gratulieren
DATIVERGÄNZUNG: Person

### 4. Subjekt und Dativergänzung + Akkusativergänzung

| | | | |
|---|---|---|---|
| Herr Probst | verkauft | den Touristen | Eintrittskarten. |
| Er | erzählt | ihnen | etwas über Bern. |

VERB

| SUBJEKT<br>Wer? oder Was? | DATIVERGÄNZUNG<br>Wem? | AKKUSATIVERGÄNZUNG<br>Wen? oder Was? |
|---|---|---|

VERBEN — mit — DATIV — und — AKKUSATIV :

1. Bedeutung „geben und nehmen": geben, nehmen, (mit)bringen, kaufen, verkaufen, ausleihen
2. Bedeutung „informieren": sagen, erzählen, schreiben, erklären, vorlesen, zeigen

DATIVERGÄNZUNG: Person                                   AKKUSATIVERGÄNZUNG: Sache

## 5. Subjekt und lokale Situativergänzung

| Herr Probst | wohnt | in einem Turm. |
| Die junge Ausländerin | lebt | auf dem Land. |

VERB

| SUBJEKT | LOKALE SITUATIVERGÄNZUNG |
| Wer? oder Was? | Wo? |

### Personalpronomen (1): Nominativ, Akkusativ, Dativ

→Ü22 – Ü26, Ü30 – Ü31

● Ist es im Zentrum für dich/Sie zu laut?
○ Ja, für mich ist es zu laut.

● Ist es auch für euch/Sie zu laut?
□ Nein, für uns ist es nicht zu laut.

Der Student wohnt auf dem Land;
für ihn ist es im Zentrum zu laut.

Die Studenten wohnen auf dem Land;
für sie ist es im Zentrum zu laut.

Die junge Frau wohnt am Stadtrand;
für sie ist es dort nicht zu laut.

Viele Familien wohnen am Stadtrand;
für sie ist es dort nicht zu laut.

| SINGULAR | | |
| --- | --- | --- |
| NOMINATIV | AKKUSATIV | DATIV |
| ich | mich | mir |
| du | dich | dir |
| Sie | Sie | Ihnen |
| er | ihn | ihm |
| es | es | ihm |
| sie | sie | ihr |

| PLURAL | | |
| --- | --- | --- |
| NOMINATIV | AKKUSATIV | DATIV |
| wir | uns | uns |
| ihr | euch | euch |
| Sie | Sie | Ihnen |
| sie | sie | ihnen |

● Wie gefällt dir/Ihnen die Wohnung?
○ Mir gefällt sie sehr gut.

● Und wie gefällt sie euch/Ihnen?
□ Uns gefällt sie nicht.

Der Student wohnt auf dem Land;
da gefällt es ihm.

Die Studenten wohnen auf dem Land;
da gefällt es ihnen.

Die junge Frau wohnt am Stadtrand;
da gefällt es ihr.

Viele Familien wohnen am Stadtrand;
da gefällt es ihnen.

### Dativ- und Akkusativergänzung: Stellung im Satz

→Ü27 – Ü29

| Elena und Heinz | zeigen | der Freundin | die Wohnung . |

| Elena und Heinz | zeigen | ihr | die Wohnung . |

| Elena und Heinz | zeigen | sie | der Freundin . |
⚠ Pronomen!

| Elena und Heinz | zeigen | sie | ihr . |
⚠ Pronomen!

| SUBJEKT | VERB | ERGÄNZUNGEN |

# Der Ballon

## 1 Zwei Mädchen – zwei Pferde

 **A1**

**Menschen beschreiben**

Sehen Sie das Foto an: Wie alt sind die Mädchen wohl?

**A2**

Beschreiben Sie das Bild.

 **A3**

Wie heißen die Pferde, wie die Mädchen? Kann Vanja sprechen? Wie?

→Ü1 – Ü3

Links Marco – rechts Vanja. In der Mitte die beiden Freundinnen: Karin und Jenny. Marco ist dunkel, groß und stark; er gehört Karin. Vanja ist klein und schnell; sie gehört Jenny schon seit drei Jahren. Die beiden kennen sich ganz genau. Jenny behauptet: „Vanja versteht alles, und sie kann auch sprechen. Ich frage sie: ‚Wollen wir heute über die Felder reiten?' Und manchmal wiehert sie, das heißt ‚Ja!' Und manchmal schüttelt sie den Kopf, das heißt ‚Nein!' "

## 2 Jenny

 **A4**

**Vermutungen äußern**

Sehen Sie das Foto an und lesen Sie den Text. Warum malt Jenny? Was glauben Sie?

Jenny ist blond, Jenny ist jung: vierzehn Jahre alt. Sie lebt auf einem Bauernhof in Niederbayern. Reiten ist ihr Hobby. Sie malt ihren Namen und ihre Adresse auf einen Luftballon.

# 3 Der Ballon

Das Wetter wechselt schnell: erst Regen, dann Sonne. Jenny steigt auf den Hügel hinter dem Bauernhof. Der Wind weht, und das ist gut für ihren Plan. Sie startet ihren Ballon.
Er steigt schnell und fliegt weit über das Land nach Osten. Bald sieht sie ihn nicht mehr.

**A5**

**Landschaft und Wetter beschreiben**

Wo steht Jenny? Beschreiben Sie den Himmel und die Landschaft.

**A6**

Was passiert hier?

→Ü4 – Ü12

# 4 Der Brief

Nach fünf Tagen bekommt Jenny einen Brief:

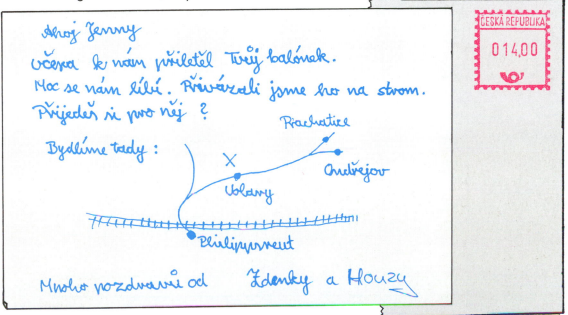

**A7**

**Sprache und Inhalt identifizieren**

a) Woher kommt der Brief?
b) Was verstehen Sie?

Jenny versteht nur drei Wörter: „Ahoj", „Jenny", „balónek". Und unten ist eine Zeichnung: Philippsreut – da ist die Grenze zwischen Deutschland und der Tschechischen Republik. Dann ist der Ballon also über die Grenze geflogen – toll! „Zdenky a Honzy", das sind bestimmt zwei Namen. Jungennamen? Mädchennamen?
Die beiden wohnen vielleicht in Volary und haben den Ballon gefunden!

**A8**

Was versteht Jenny? Was vermutet sie?

**A9**

Hören Sie Jennys „Selbstgespräch" und notieren Sie.

**A10**

Hören Sie Jenny im Gespräch mit einem tschechischen Freund. Was steht in dem Brief?

→Ü13 – Ü17

| **A5** | Wie ist das Wetter? | – | Es regnet (nicht). Es ist (nicht) kalt. Die Sonne scheint (nicht). Am Himmel sind dunkle Wolken. Es kommt ein Gewitter. |
| --- | --- | --- | --- |
| **A10** | Was heißt denn das? Ich versteh überhaupt nichts. | – | „Balónek", das heißt bestimmt „Ballon". Ich glaube, das ist Tschechisch. |

# 5 Der Traum

**A11**

**Einen Reiseweg
beschreiben**

Lesen Sie den Text.
Was sieht Jenny im
Traum?

→Ü18 – Ü21

(23)

Jenny sieht die Wolken am Himmel und träumt:
Sie reitet mit Karin nach Osten zur Grenze.
Die Reise dauert bestimmt eine Woche hin und
zurück. Darum nehmen sie ihre Schlafsäcke mit.
Karin reitet links, Jenny rechts. Der Weg ist gut,
das Wetter ist schön. Sie lachen und reden und
freuen sich.
Ein schöner Traum ...

Sie kommen an die Donau. Hier ist keine
Brücke. Eine kleine Fähre bringt sie über den
Fluss. Und weiter geht die Reise durch den
Bayerischen Wald: Wälder, Hügel, und die
Sicht ist weit.
Es ist Oktober, die Blätter sind schon gelb, rot,
braun, orange. Die Wiesen sind noch ganz
grün.

Philippsreut, hier ist die Grenze. Hier ist
Deutschland zu Ende, und die Tschechische
Republik beginnt. „Los, Marco, los, Vanja!
Weiter, immer weiter! Bald sind wir da!"

„Přivázali jsme ho na strom –". Schau, da hängen
ja viele Ballons! Haben Zdenka und Honza die
aufgehängt? Wo sind die beiden?

**A11** Wohin reiten die beiden?

Wie sieht die Landschaft aus?

– Nach Osten zur Grenze.
An die Grenze.
Durch den Bayerischen Wald.

– Die Blätter sind schon gelb.
Die Wiesen sind noch grün.
Sie sehen Wälder und Hügel.

# 6 Jennys Brief an Karin

A12

**Über eine Reise berichten**

Lesen Sie den Brief. Vergleichen Sie mit dem Traum (S. 58). Was ist anders? Vergleichen Sie die Verben.

24

A13

Jenny hat eine Idee; was denkt sie wohl?

→Ü22 – Ü28

25

Hallo Karin!

Ich habe einen Riesentraum gehabt. Ich habe dir doch von dem Ballon erzählt und von dem Brief. – Ich habe geträumt: Wir beide sind da hingeritten. Wir haben unsere Schlafsäcke mitgenommen, denn der Weg ist weit; und der Ritt hat mehrere Tage gedauert.

Zuerst sind wir an die Donau gekommen. Da war keine Brücke, aber eine kleine Fähre; die hat uns über den Fluss gebracht. Danach sind wir durch den Bayerischen Wald geritten. Es war Oktober, und die Blätter waren schon gelb, braun, rot, orange. Aber die Wiesen waren noch grün.

In Philippsreut sind wir an die tschechische Grenze gekommen. Von da war es nicht mehr weit bis Volary. In Volary haben wir viele Luftballons an einem Baum gesehen. Wir haben uns gewundert: Haben Zdenka und Honza die aufgehängt? Leider haben wir die beiden nicht gefunden, denn plötzlich war der Traum zu Ende. Schade! Aber ich habe eine Idee!

## 7 Aussprache

  **A14**

**Konsonanten: p, b, t, d, k, g**

▷ S. 113 (B)

a) Lesen Sie
halblaut mit.
b) Sprechen Sie
die Beispiele.

➜ Ü29 – Ü31

[p] ⟵ **P**artner / Gru**pp**e / gel**b**, (er) le**b**t

[t] ⟵ **T**ext / bi**tt**e / Sta**dt** / **Th**eater / un**d**

[k] ⟵ **K**affee / Frühstü**ck** / **Ch**or / Ta**g**, (er) fra**g**t

Par_i_s / Suppe / Ver_b_
(sie) bl_ei_bt

T_ü_r / Bett / Th_e_ma
Bild / L_a_nd

Kult_u_r / Glück
Mittag / (sie) s_ag_t

[b] — ha**b**en

[d] — **D**ialog

[g] — **g**_u_t

Bür_o_ / l_e_ben

L_ä_nder / r_e_den

Glas / s_ag_en

 **A15**

**Sprechpausen und Interpunktion**

▷ S. 115 (F)

**Sprechpausen**

a) Hören Sie den
Text. Achten Sie
auf große/kleine
Sprechpausen.

### Aus Jennys Traum

Karin und Jenny reiten nach Osten. Der Weg ist gut, das Wetter ist schön. Ist es noch weit bis zur Grenze? Jetzt sind sie schon an der Donau. Hier ist keine Brücke; eine kleine Fähre bringt sie über den Fluss.

Die Reise geht weiter durch den Bayerischen Wald, immer nach Osten. Es ist Oktober – die Blätter sind schon bunt, die Wiesen sind noch ganz grün. Karin und Jenny lachen und reden und freuen sich.

b) Hören Sie die
Beispiele und
sprechen Sie mit.
c) Lesen Sie den
Text vor.
d) Lesen Sie auch
die Texte von A3
und A5.

➜ Ü33

Der Weg ist gut, | das Wetter ist schön! | | Ist es noch weit bis zur Grenze? | |

Hier ist keine Brücke; | eine kleine Fähre bringt sie über den Fluss. | |

Es ist Oktober – | | die Blätter sind schon bunt. | |

Eine **große Pause** | | macht man nach den Satzzeichen: **.** oder **?** oder **!** oder **–** oder **:**

Eine **kleine Pause** | macht man nach den Satzzeichen: **,** oder **;**

# 8 Wortschatz

einen Brief bekommen
lesen und übersetzen
träumen
einen Brief schreiben
weiterreiten
reiten
an die Grenze kommen
viele Luftballons sehen
lachen
aufhängen
PENG!
finden
zu Ende sein
sich wundern
sich freuen
über den Fluss bringen
fallen
nicht finden
fliegen
mehrere Tage dauern
steigen
an einen Fluss kommen
starten

**Wort-Spirale**

a) Lesen Sie die Verben und Ausdrücke laut.
b) Wählen Sie dazu passende Subjekte.
c) Erzählen Sie die Geschichte.

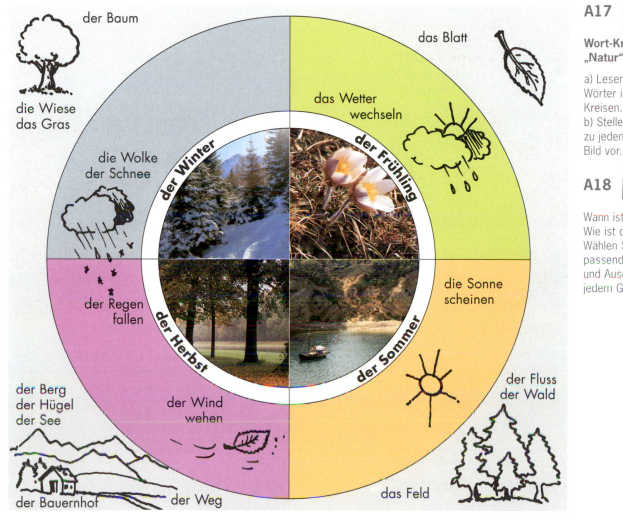

der Baum
das Blatt
die Wiese das Gras
das Wetter wechseln
die Wolke der Schnee
**der Winter**
**der Frühling**
der Regen fallen
die Sonne scheinen
**der Herbst**
**der Sommer**
der Berg der Hügel der See
der Wind wehen
der Fluss der Wald
der Bauernhof
der Weg
das Feld

**A17**

**Wort-Kreise: „Natur"**

a) Lesen Sie die Wörter in den drei Kreisen.
b) Stellen Sie sich zu jedem Wort ein Bild vor.

**A18**

Wann ist das? Wie ist das Wetter? Wählen Sie passende Wörter und Ausdrücke zu jedem Geräusch.

# 9 Grammatik

→Ü13, Ü22

## Perfekt: Bedeutung und Gebrauch

Das passiert **jetzt:**

Das erzählt/schreibt Jenny **danach:**

Jenny träumt: Sie reitet mit Karin nach Osten. Sie lachen und reden und freuen sich. Sie kommen an die Donau. Eine Fähre bringt sie über den Fluss. Dann reiten sie weiter bis nach Volary …

„Ich habe geträumt: Ich bin mit Karin nach Osten geritten. Wir haben gelacht und geredet und haben uns gefreut.
Wir sind an die Donau gekommen. Eine Fähre hat uns über den Fluss gebracht. Dann sind wir weiter bis nach Volary geritten …"

Hallo Karin!

Ich habe einen Riesentraum gehabt. Ich habe dir doch von dem Ballon erzählt und von dem Brief. — Ich habe geträumt: Wir beide sind da hinge-

→Ü14

## Perfekt: Satzklammer

| | „haben/sein" | | PARTIZIP II | | |
|---|---|---|---|---|---|
| Ich | habe | einen Traum | ge-hab | -t | . |
| Ich | habe | dir doch von dem Brief | erzähl | -t | . |
| Wir | sind | nach Volary | ge-ritt | -en | . |
| Wir | haben | unsere Schlafsäcke | mit-ge-nomm | -en | . |
| Der Ritt | hat | mehrere Tage | ge-dauer | -t | . |
| Wir | sind | zuerst an die Donau | ge-komm | -en | . |
| Die Fähre | hat | uns über den Fluss | ge-brach | -t | . |
| Wir | haben | in Volary viele Ballons | ge-seh | -en | . |

SATZKLAMMER

→Ü15 – Ü17,
Ü23 – Ü24

## Partizip II: regelmäßige Verben

| Infinitiv: | Partizip II: | | |
|---|---|---|---|
| haben | ge- | hab | -t |
| träumen | ge- | träum | -t |
| erzählen | | erzähl | -t |
| | **ge-** | PRÄSENS-STAMM | **-t** |

## Partizip II: unregelmäßige Verben

| Infinitiv: | | Partizip II: | | |
|---|---|---|---|---|
| sehen | | ge- | seh | -en |
| reiten | | ge- | ritt | -en |
| mitnehmen | mit- | ge- | nomm | -en |
| | | **ge-** | PERFEKT-STAMM | **-en** |

| bringen: | ge- | brach | -t |
|---|---|---|---|
| denken: | ge- | dach | -t |

## Partizip II: Formen

→Ü15 – Ü17,
Ü22 – Ü24

Typ 1: Verben ohne Präfix

| Infinitiv: | Partizip II: |
|---|---|
| fragen | ge - frag - t |
| gehen | ge - gang - en |

ge - STAMM -$<$ t / en

Typ 2: Verben mit trennbarem Präfix

| Infinitiv: | Partizip II: |
|---|---|
| einkaufen | ein - ge - kauf - t |
| wegfliegen | weg - ge - flog - en |

PRÄFIX { ge - STAMM -$<$ t / en

Typ 3: Verben mit nicht trennbarem Präfix + Verben mit der Endung „-ieren"

| Infinitiv: | Partizip II: |
|---|---|
| erzählen | erzähl - t |
| bekommen | bekomm - en |

| Infinitiv: | Partizip II: |
|---|---|
| telefonieren | telefonier - t |
| markieren | markier - t |

PRÄFIX + STAMM -$<$ t / en

## Perfekt mit „haben" oder „sein": Konjugation

→Ü25

| | PERFEKT mit „haben" | | | PERFEKT mit „sein" | | |
|---|---|---|---|---|---|---|
| **SINGULAR** ich | habe | den Ballon | gefunden | bin | weit | geritten |
| du | hast | den Ballon | gefunden | bist | weit | geritten |
| Sie | haben | den Ballon | gefunden | sind | weit | geritten |
| er es sie | hat | den Ballon | gefunden | ist | weit | geritten |
| **PLURAL** wir | haben | den Ballon | gefunden | sind | weit | geritten |
| ihr | habt | den Ballon | gefunden | seid | weit | geritten |
| Sie | haben | den Ballon | gefunden | sind | weit | geritten |
| sie | haben | den Ballon | gefunden | sind | weit | geritten |
| | PRÄSENS von **„haben"** | + | PARTIZIP II | PRÄSENS von **„sein"** | + | PARTIZIP II |

Die meisten Verben
bilden das Perfekt mit „haben".

Verben mit der Bedeutung
‚Bewegung zu einem Ziel' bilden
das Perfekt mit „sein".

 sein: ich **bin gewesen**
bleiben: ich **bin geblieben**

## 1 Wie komme ich mit dem Auto von Haarbach nach Volary?

**A1**

**Geographische Orientierung**

a) Wie fließt die Donau?
b) Wo ist die tschechische Grenze?

**A2**

Sie finden viele Ortsnamen mit -au, -bach, -berg, -burg. Sammeln Sie.

**A3**

Suchen Sie Haarbach, Philippsreut und Volary.

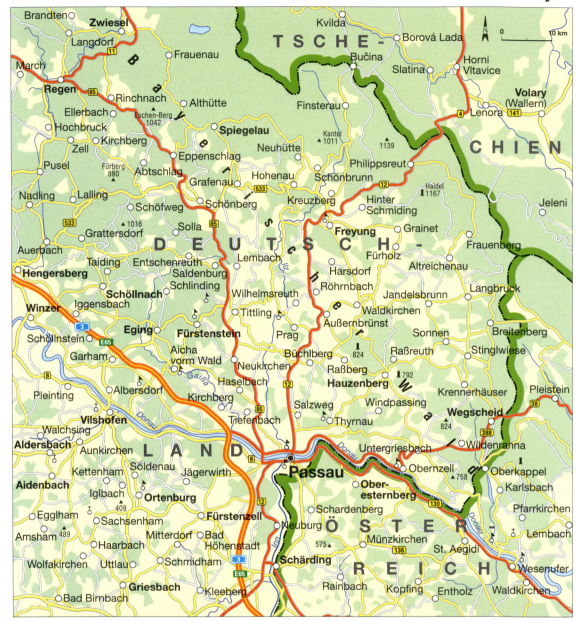

**A4**

Lesen Sie die Wegbeschreibung und suchen Sie den Weg auf der Karte.

**A5**

Suchen Sie einen anderen Weg von Haarbach nach Volary. Beschreiben Sie den Weg.

➔ Ü1 – Ü8

Fahren Sie von Haarbach über Aidenbach nach Vilshofen.
In Vilshofen fahren Sie auf die Bundesstraße 8 Richtung Passau, dann immer geradeaus. Biegen Sie in Passau links ab auf die Bundesstraße 12 Richtung Freyung. Die Bundesstraße 12 führt über Freyung nach Philippsreut. Hinter der Grenze, in Tschechien, hat die Straße eine andere Nummer: 4. Fahren Sie auf der Straße Nummer 4 Richtung Horni Vltavice. Noch vor Horni Vltavice biegen Sie rechts ab Richtung Volary. Bis Volary sind es dann nur ein paar Kilometer.

| A1 | Wie fließt die Donau? Wo fließt die Donau? | – Die Donau fließt von ... nach ... . Sie fließt durch Passau nach ... . |
|----|----|----|
| A4 A5 | Wie komme ich nach ..., bitte? | – Fahren Sie von H. über A. nach V. Biegen Sie in P. auf die Straße nach F. ab. Fahren Sie auf der Straße Nr. ... bis ... . |

## 2 Rundflug

- Wir machen einen Rundflug!
- Kannst du denn fliegen?
- Na klar! Ich bin schon oft geflogen.
- Ganz allein?
- Natürlich! Warum fragst du? Hast du etwa Angst?
- Wohin fliegen wir denn?
- Über Oldenburg nach Wilhelmshaven, dann rechts rüber nach Bremerhaven, und dann die Weser entlang bis Bremen.
- Dauert das lange?
- Ungefähr eineinhalb Stunden.
- So lange?
-  …
- Schau mal, die Weser – schön, was?
- Wo?
- Mensch, bist du blind? Direkt unter uns!
- Fliegen wir jetzt zurück?
- Da, schau mal, ein Schiff!
-  …
- He, was ist mit dir?
-  …

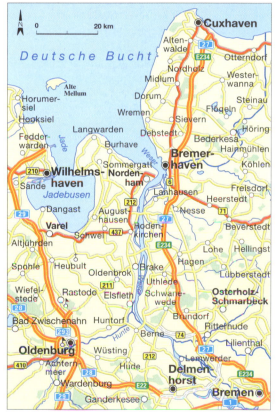

**A6**

Lesen Sie den Dialog.
a) Reiner hat Angst: Was sagt er? Wie spricht er?
b) Warum fliegt er doch mit Sabine?

**A7**

a) Spielen Sie den Dialog und ergänzen Sie.
b) Wie geht die Geschichte weiter?

**A8**

**Zeitdauer und Zeitablauf**

Was erzählt Reiner abends seinen Freunden?

→ Ü9 – Ü10

| A7 | Wie lange dauert der Flug? | – | Ungefähr … Stunden/Minuten. Der dauert ungefähr/etwa/circa … . |
| | Wo ist die Weser? | – | Da, direkt unter uns. Da drüben/rechts. |
| A8 | Was ist dann passiert? | – | Zuerst …, dann …, danach …, später … . |

## 3 Platzkarte

**Bielefeld Hbf**
**→ Frankfurt(Main)Hbf**

| ab | Zug | | Umsteigen | an |
|-----|-----|-----|-----------|-----|
| 3.43 | D | 1948 | Dortmund Hbf | 4.46 |
| 4.51 | SE | 7403 | Altenbeken KS-Wilhelmsh. | 6.00 7.05 |
| 5.28 | SE | 3064 | Hamm(Westf) | 6.17 |
| 5.47 | SE | 8115 | Minden(Westf) Hannover Hbf | 6.22 7.12 |
| 6.38 | IC | 643 | ⚏ Hannover Hbf | 7.34 |
| 6.49 | EC | 103 | ✕ Köln Hbf | 8.50 |
| 7.47 | ICE | 641 | ✕ Hannover Hbf | 8.37 |
| 7.52 | EC | 9 | ✕ Hamm(Westf) | 8.17 |
| 8.45 | IR | 2447 | ⑪ Hannover Hbf | 9.43 |
| 8.49 | IC | 548 | ✕ Köln Hbf | 10.50 |
| 9.10 | IC | 545 | ✕ Hannover Hbf | 10.00 |

 **A9**

**Mit der Bahn reisen**

a) Warum fährt der Mann erster Klasse?
b) Spielen Sie den Dialog.
c) Variieren Sie den Dialog.

→ Ü11

● Eine Rückfahrkarte nach Frankfurt am Main, bitte.
● Heute hin, Samstag zurück.
● Ja, bitte. Brauche ich eine Platzkarte?

● Den um 8 Uhr 49.
● Und die Züge sind sehr voll, sagen Sie?

● Dann fahre ich erster Klasse. Die ist bestimmt nicht so voll – oder?

● Ist das auch der Sparpreis?

○ Wann fahren Sie?

○ Also Sparpreis. Sie fahren IC?
○ Die Züge sind sehr voll. Ferienanfang! Welchen Zug nehmen Sie?
○ Das ist jetzt zu spät für eine Reservierung!
○ Ja, besonders heute und morgen, da beginnen die Ferien.
○ Nicht so voll wie die zweite Klasse. Also Rückfahrkarte erster Klasse. – 405 Mark, bitte.
○ Ja, der ist reduziert.

 **A10**

Sehen Sie das Bild an:
Was ist hier los?
a) Was sagt der Mann mit dem Hut wohl?
b) Was machen die anderen Personen?

● Ich will einen Sitzplatz!
○ Haben Sie reserviert?
● Ich habe doch erster Klasse bezahlt!
○ Haben Sie eine Platzkarte?
● Hier ist meine Fahrkarte.
○ …

 **A11**

Schreiben und spielen Sie einen Dialog.

→ Ü12 – Ü16

| **A9** | Wann fährt der nächste Zug nach …? | – Um … Uhr … . |
|---|---|---|
| | Muss ich reservieren? | – Ja/Nein, … . |
| | Einfach / Hin und zurück, bitte. | – Das kostet/macht … Mark. |
| | Eine Rückfahrkarte, bitte. | |
| | Erster/Zweiter Klasse, bitte. | |
| | Ist der Preis reduziert? / Gibt es einen Sparpreis? | |

# 4 Lieber mit der Bahn

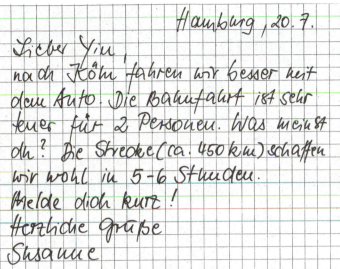

Hamburg, 20.7.

Lieber Yin,
nach Köln fahren wir besser mit
dem Auto. Die Bahnfahrt ist sehr
teuer für 2 Personen. Was meinst
du? Die Strecke (ca. 450 km) schaffen
wir wohl in 5-6 Stunden.
Melde dich kurz!
Herzliche Grüße
Susanne

**A12**

**Reise-möglichkeiten vergleichen**

Warum will Susanne mit dem Auto fahren?

**A13**

Yin will lieber mit der Bahn fahren. Warum wohl?

Liebe Susanne,
danke für deinen Brief.
Ich habe einen anderen
Vorschlag! Fahren wir

**2.**<sup>00</sup> **Uhr**

**19.**<sup>00</sup> **Uhr**

### Ein einzigartiges Angebot.

Der Abend ist gerettet. Mit dem Guten-Abend-Ticket der Bahn fahren Sie sensationell günstig – von 19 Uhr abends bis 2 Uhr morgens (Abfahrts-/Ankunftszeit). Umsteigen, so oft Sie wollen. Kilometer, so viel Sie schaffen. Quer durch Deutschland. 1. oder 2. Klasse.

**A14**

a) Von wann bis wann kann man mit diesem Ticket fahren?
b) Wie weit kann man damit fahren?

Das Angebot für flexible Leute: durch ganz Deutschland ab DM **59,–**

**A15**

a) Schreiben Sie das Telefon-gespräch.
b) Spielen Sie das Gespräch.

→ U17 – U27

Mit dem Auto bequem und schnell.

Viel zu teuer für zwei Personen.

Wann gilt dieser Preis?

Dann kommen wir nicht mehr bis nach Köln.

Ach so, …

Sehr weit: 450 km! Staus auf der Autobahn. Besser mit der Bahn.

Nein, Sonderpreis: 59 Mark!
Am Abend ab 19 Uhr.

Doch, das Ticket gilt bis 2 Uhr nachts.

# 10

## 5 Aussprache

### Konsonanten: f, ph, v, w, s, ß, sch

 **A16**

**Konsonanten unterscheiden**

a) Lesen Sie halblaut mit.

b) Sprechen Sie die Beispiele.

→ Ü28 – Ü33

[f] ← **F**rau / Ka**ff**ee / Al**ph**abet / **v**ier

fl**ie**gen / öffnen / von

[v] ← **W**ort / **V**okal

W**e**g / Klav**ie**r

[s] ← Hau**s** / Ca**ss**ette / hei**ß**en

K**u**rs / Kl**a**sse / Str**a**ße

[z] — **S**eite

r**ei**sen / S**ü**den

▷ S. 113 (B)

[ʃ] — **Sch**ule

D**eu**tsch / sch**ö**n

[ʃt] — **St**udentin

St**a**dt / verst**e**hen

[ʃp] — **sp**rechen

Sp**o**rt / sp**ie**len

---

 **A17**

**Mit Freude/ Angst sprechen**

a) Hören Sie die Texte.
b) Lesen Sie die Texte vor. Spielen Sie die Situation.

### Sprechausdruck

Fliegen, ein Vogel sein! Fliegen ist einfach wunderbar! Reiner, wir haben Glück mit dem Wetter, man kann alles sehen. Schau mal, da unten ist die Weser! Wir fliegen jetzt weiter die Weser entlang bis nach …

He, Reiner, du sagst ja gar nichts …

Ah, … doch, man kann wirklich viel sehen von hier oben. Ja, … äh … die Weser, die Landschaft, Häuser …. Wie hoch sind wir denn?? Dauert es … äh … noch lange? Weißt du, … Sabine, es ist wirklich schön, … aber eigentlich möchte ich jetzt … äh … lieber zurück!

---

## 6 Wortschatz

**A18**

**Ein Gedicht hören, lesen und variieren**

a) Woran denken Sie beim Hören?
b) Was heißt „Wanderung"?

**A19**

a) Schreiben Sie ein Gedicht: Suchen Sie rechts passende Wörter und einen Titel.
b) Lesen Sie vor: Die anderen raten den Titel.

**wanderung**

vom vom    zum zum
vom zum    zum vom

von vom zu vom

vom vom    zum zum

von zum zu zum

vom zum    zum vom
vom vom    zum zum

und zurück

*(Ernst Jandl)*

von ~~~~~ zu ~~~~~
von ~~~~~ zu ~~~~~

von ~~~ zu ~~~~

von ~~~~~ zu ~~~~~

von ~~~ zu ~~~~

von ~~~~~ zu ~~~~~
von ~~~~~ zu ~~~~~

und zurück

| | | |
|---|---|---|
| der Bahnhof | fahren | das Abteil |
| die Fahrkarte | die Bahnfahrt | zweite(r) Klasse fahren |
| der Fahrplan | der Schaffner | erste(r) Klasse fahren |
| der Bahnsteig | der Sitzplatz | der Speisewagen |
| der Zug | reservieren | ankommen |
| einsteigen | umsteigen | die Ankunft |
| abfahren | | aussteigen |
| die Abfahrt | | |

| | | |
|---|---|---|
| das Auto | die Wegbeschreibung | schnell fahren |
| die Fahrt | die Straße | überholen |
| losfahren | die Bundesstraße nehmen | der Stau |
| die Strecke | die Straße führt nach … | langsam fahren |
| schaffen | die Autobahn | stoppen |
| zwei Stunden brauchen | die Richtung | Zeit verlieren |
| | geradeaus fahren | weiterfahren |
| | abbiegen | |

| | |
|---|---|
| reisen | fliegen |
| die Reise | der Flughafen |
| eine Reise machen | das Ticket |
| das Reisebüro | das Flugzeug |
| planen | starten |
| | landen |
| | der Flug |

**A20**

**Wort-Gruppen: „Reisen"**

a) Lesen Sie immer eine Wort-Gruppe.
b) Suchen Sie eine passende Über-schrift.
c) Wiederholen Sie alle Wort-Gruppen nach 2–3 Tagen.

**A21**

Wort-Gruppen wiederholen:
a) Suchen Sie pro Wort-Gruppe ein Bild, eine Situation oder einen Text.
b) Ergänzen Sie passende Wörter.
c) Vergleichen Sie Ihre Bilder, Situationen und Texte.

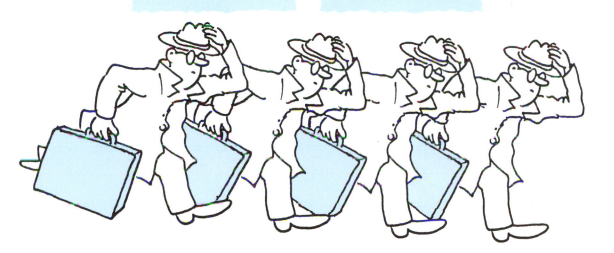

## 7 Grammatik

→Ü6 – Ü7

### Präpositionen (1)

Sabine kommt **aus** Bremen. Sie kann **seit** einem Jahr fliegen, Sie fährt **mit ihrem** Freund **zum** Flughafen. Sie fliegen **mit dem** Flugzeug **nach** Wilhelmshaven. **Vom** Flugzeug haben sie eine schöne Aussicht.

**Nach** einer Stunde landen sie. Reiner geht es nicht gut **beim** Rundflug. Er hat Angst. „Morgen fliegen wir **in** die Schweiz, **nach** Zürich", lacht Sabine.

| NAME OHNE ARTIKEL | | SUBSTANTIV MIT ARTIKEL-WORT | | |
|---|---|---|---|---|
| **aus**<br>**nach** | Bremen<br>Wilhelmshaven | **seit**<br>**mit** | ein**em**<br>ihr**em** | Jahr<br>Freund |
| **PRÄPOSITION** + NAME | | **PRÄPOSITION** + **KASUS-SIGNAL** + SUBST. | | |

→Ü10, Ü20

### a) Präpositionen mit Dativ

**aus, bei, mit, nach, seit, von, zu** → IMMER MIT **DATIV**

**zum** Flughafen ← **zu** dem Flughafen    **zur** Grenze ← **zu** der Grenze

| **bei, von, zu** + dem → **beim, vom, zum** | **zu** + der → **zur** |
|---|---|

→Ü18 – Ü19,
· Ü24 – Ü26

### b) Wechselpräpositionen: mit Akkusativ oder Dativ

Jenny ist **auf** den Hügel **hinter** dem Bauernhof gestiegen. Der Wind weht. Sie steht **auf** dem Hügel und hat gerade ihren Ballon gestartet. Er ist jetzt **über** dem Bauernhof

und steigt **in** die Höhe. Bald kann Jenny den Ballon nicht mehr sehen. Er fliegt sehr weit, **über** die Grenze, **in** die Tschechische Republik.

**Wohin** steigt der Ballon? – **In** die Höhe.
**Wohin** fliegt er? – **Über** die Grenze.

**Wo** steht Jenny? – **Auf** dem Hügel.
**Wo** ist der Ballon? – Hoch **über** dem Bauernhof.

**Wohin?**

**RICHTUNG / BEWEGUNG**

**Wo?**

**POSITION/ RUHE**

1a) Jenny geht **hinter** das Haus.
2a) Jenny kommt wieder **vor** das Haus.

1b) Sie ist jetzt **hinter** dem Haus.
2b) Jetzt steht sie **vor** dem Haus.

3a) Sabine und Franz fliegen **über** die Weser.    3b) Das Flugzeug ist genau **über** der Weser.

4a) Das Schiff fährt jetzt **unter** die Brücke.    4b) Das Schiff ist gerade **unter** der Brücke.

5a) Giovanna geht **ins** Klassenzimmer.    5b) Sie ist jetzt **im** Klassenzimmer.

6a) Sie stellt die Tasche **auf** den Tisch.    6b) Ihre Tasche steht **auf** dem Tisch.

7a) Sie hängt ihren Mantel **an** die Wand.    7b) Ihr Mantel hängt **an** der Wand.

8a) Giovanna legt die Bücher **neben** die Tasche.    8b) Die Bücher liegen **neben** der Tasche.

9a) Sie legt den Füller **zwischen** die Tasche und die Bücher.    9b) Der Füller liegt **zwischen** der Tasche und den Büchern.

**in, an, auf, vor, hinter, über, unter, neben, zwischen**

**Wohin?**    **Wo?**

MIT **AKKUSATIV**    MIT **DATIV**

**ins** Klassenzimmer ← **in** das Klassenzimmer    **im** Klassenzimmer ← **in** dem Klassenzimmer

| **in, an, auf** + das → **ins, ans, aufs** | **in, an** + dem → **im , am** |
|---|---|

| ⚠ NAME/SUBSTANTIV MIT ARTIKEL | NAME OHNE ARTIKEL |
|---|---|
| „Morgen fliegen wir **in** die Schweiz, | **nach** Zürich!" |
| **in** + AKKUSATIV | **nach** + NAME |

# Florenz an der Elbe

## 1 Eine Stadt im Wandel

 **A1**

**Eine Stadt kennen lernen**

Schauen Sie alle Bilder an. Zu welchen Bildern passen die Geräusche?

Dresden: Altstadt-Panorama, 1990

 **A2**

Suchen Sie die Gebäude auf dem Foto.

→Ü1

Schiffe auf der Elbe. Der Fluss ist breit. Drüben die Brühlsche Terrasse mit Bäumen, in der Mitte der Landtag, dahinter das Schloss und seine Türme. Davor steht die Hofkirche. Die Augustusbrücke verbindet die Altstadt mit der Neustadt. Ganz rechts, hinter der

Augustusbrücke, ist die Semper-Oper. Alle Gebäude und die Brücke sind aus Stein, teils grau, teils schwarz. Nur die Oper ist neu restauriert und hellbraun. Vorne der Fluss, dahinter die Silhouette einer Stadt mit einigen Ruinen und Baustellen: die Altstadt.

 **A3**

Wie finden Sie das Gemälde von Kokoschka? Beschreiben Sie.

→Ü2

Dresden: Frauenkirche, 1990

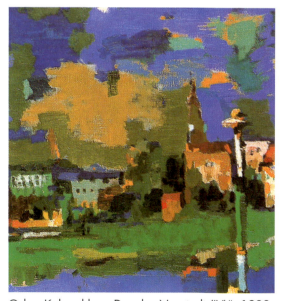

Oskar Kokoschka: „Dresden-Neustadt (IV)", 1922

 **A4**

a) Was denken Dresdner über die Frauenkirche?
b) Lesen Sie den Text von E. Kästner: Worüber schreibt er? Welches Bild passt am besten zum Text?

Auf dem Dresdner Neumarkt steht die Frauenkirche: eine Ruine auf einem großen Platz. Eine Ruine und eine Baustelle – die Frauenkirche entsteht wieder.
Die Frauenkirche ist für viele Dresdner ein Symbol für ihre Stadt. Für andere war die Ruine das bessere Symbol.

*Der Schriftsteller Erich Kästner 1953 über seine Stadt Dresden:*

Ja, Dresden war eine wunderbare Stadt. Ihr könnt es mir glauben. Und ihr müsst es mir glauben. Denn die Stadt Dresden gibt es nicht mehr. Sie ist, bis auf einige Reste, vom Erdboden verschwunden. [...] Das geschah am 13. Februar 1945.

Dresden: Prager Staße, 60er Jahre

Die Altstadt von Dresden, das Zentrum – am 13. Februar 1945 in einer Nacht völlig zerstört. Der neue Staat, die „Deutsche Demokratische Republik (DDR)", baut nach dem Krieg eine neue, sozialistische Großstadt. Ein Beispiel dafür ist die Prager Straße aus den sechziger Jahren. Bis 1945 war sie die wichtigste Einkaufsstraße Dresdens und hatte die schönsten Geschäfte.

Dresden: Prager Straße, 90er Jahre

Jetzt ist die Prager Straße eine breite Fußgängerzone. Es gibt große Hotels, Cafés und Restaurants, Kinos und ein großes Einkaufszentrum. Seit der Vereinigung der DDR mit der Bundesrepublik Deutschland 1990 verändert sich die Straße weiter. Es gibt viele neue Geschäfte und Boutiquen; Gebäude für Banken und Versicherungen entstehen: Die „dritte Prager Straße" in 50 Jahren!

Direkt an der Elbe liegt Schloss Pillnitz mit einem großen Park und einer breiten Treppe hinunter zum Wasser. Es ist sehr ruhig. Die Stadt und der Fluss, Dresden und die Elbe, sie gehören zusammen.

Im Zentrum ist viel los. Viele Menschen gehen durch die Straßen, junge und alte. Die meisten sind in Eile. Auf den Straßen herrscht dichter Verkehr. An den Wänden gibt es Graffiti. Eine Stadt wie jede andere?

| A6 | Bis 1945 war die Prager Straße die wichtigste Einkaufsstraße von Dresden. Sie hatte die schönsten Geschäfte. | Heute ist sie eine breite Fußgängerzone. Heute gibt es dort auch Hotels und Banken. |

**A5**

Wo liegt Dresden? Woher kommt die Elbe, wohin fließt sie? Suchen Sie auf der Landkarte (Seite 6–7).

**A6**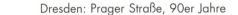

Was war die Prager Straße früher, was ist sie heute?

→ Ü3 – Ü8

**A7**

a) Was möchten Sie in Dresden am liebsten sehen? Was interessiert Sie?
b) Was möchten Sie über Dresden wissen? Notieren und vergleichen Sie.

## 2 Der „Sachsenmarkt"

 **A8**

**Auf dem Markt einkaufen**

a) Wie gefällt Ihnen der Markt auf dem Foto?
b) Was für Märkte kennen Sie?

 **A9**

Was machen die Menschen auf dem „Sachsenmarkt"?

→Ü9

„Treffen wir uns am Freitag auf dem Sachsenmarkt", schlägt Dagmar B. vor. Dagmar ist Dresdnerin, sie lebt und arbeitet hier. Ihre zwei Kinder sind schon erwachsen und aus dem Haus.
„Ich gehe gern auf den Markt", erzählt sie weiter, „Märkte sind neu für uns. Da treffen sich viele Leute. Kunden und Händler kommen miteinander ins Gespräch.

Die Leute schauen sich um, gehen von einem Marktstand zum anderen, vergleichen die Angebote, kaufen ein. Sie reden, stehen zusammen, trinken ein Glas Bier oder zwei. Sie unterhalten sich über schöne und weniger schöne Dinge. Das gefällt mir", meint Dagmar. „Das ist einfach mehr als nur einkaufen."

 **A10**

a) Was machen die vier Personen auf dem Markt?
b) Was finden die Kunden gut?

 **A11**

a) Verstehen Sie Sächsisch?
b) Lesen Sie die Texte. Hören Sie noch einmal. Was verstehen Sie jetzt?

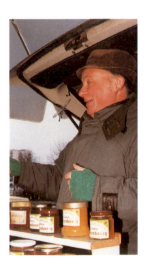

„Ich wohne ca. 25 km von Dresden. Dort habe ich meine Imkerei. Jeden Freitag bin ich um Viertel vor sieben auf dem Markt. Dann baue ich meinen Stand auf. Hier verkaufe ich meinen Honig."
*(Herr Rößler)*

„Ich gehe meistens so um 9 Uhr auf den Markt, am liebsten gucken und mich umschauen. Das ist auch eine Abwechslung. Ich finde den Markt sehr gut – im Sommer sogar noch besser als jetzt im Winter."
*(Frau Breitner)*

„Die Kunden sagen, unser Gemüse und Obst ist frischer als in der Kaufhalle. Viele kommen nicht nur zum Einkaufen, sie wollen einfach reden. Ich höre zu und kenne ihre Probleme."
*(Frau Schmid)*

„Brot kaufe ich am liebsten bei diesem Bäcker hier. Ich kaufe auch Gemüse, Saft und Fleisch auf dem Markt. Alles ist frisch. Und man kennt sich. Aber es ist hier nicht billiger als im Geschäft."
*(Annette)*

**A12**

a) Was kann man auf dem Markt kaufen?
b) Kaufen Sie auch auf Märkten ein? Warum (nicht)?

→Ü10 – Ü13

## 3 Die Großkaufhalle

„Natürlich kaufen hier in Dresden nicht alle auf dem Sachsenmarkt ein", erzählt Dagmar weiter. „Ich übrigens auch nicht immer." Meistens kauft Dagmar in der Nähe von ihrer Wohnung ein. Dort sind ein paar kleine Geschäfte und ein richtiger alter Laden. Das ist am bequemsten. Da kann sie auf dem Weg von der Arbeit noch schnell ihre Einkäufe machen. Meistens ist dort auch die Bedienung sehr freundlich.

Aber einmal oder zweimal im Monat fährt Dagmar doch mit dem Auto in eine Großkaufhalle, in einen Supermarkt. Da kauft man billiger ein als in den kleinen Geschäften; auch billiger als auf dem Markt. Aber die Supermärkte findet Dagmar nicht schön: Alles ist anonym, nicht persönlich, keine Gespräche, wenig Kontakte. Aber sie bekommt schnell alles für ihre Familie, für den Haushalt, und vor allem das Futter für Linus, die Katze.

**A13**

**Möglichkeiten zum Einkaufen vergleichen**

Wo kauft Dagmar ein? Was sagt sie über die verschiedenen Geschäfte? Machen Sie Notizen.

**A14**

Kontrollieren Sie Ihre Notizen und ergänzen Sie.

→Ü14

| | |
|---|---|
| **A9** | Leute gehen auf den Markt und vergleichen Angebote / kaufen ein / unterhalten sich. |
| **A10** | Manche schauen sich nur um / suchen Abwechslung / wollen mit anderen reden. Herr Rößler ist Imker / fährt auf den Markt / verkauft seinen Honig. |
| **A12** | Die Waren auf dem Markt sind frisch / schmecken anders als im Supermarkt / kommen (direkt) aus der Umgebung (von . . .). |
| **A15** | Wo kann man gut/preiswert einkaufen?  –  Im Supermarkt. / In einem Einkaufszentrum. In einem kleinen Geschäft / Fachgeschäft / „Tante-Emma-Laden". |
| | In welche Geschäfte gehen Sie (gern)?  –  In Bäckereien/Metzgereien . . . . |

**A15**

Wo kaufen Sie ein? Wo kaufen Sie was? Vergleichen Sie.

→Ü15 – Ü19

 **A16**

**Einen Laden von
außen und innen
beschreiben**

a) Schauen Sie die
Fotos an:
Was gibt es bei
Günter Otto?
b) Möchten Sie
dort gerne
einkaufen?
c) Sammeln Sie
Ihre Eindrücke.

 **A17**

Wo ist der Laden?
Wie alt ist er?
Was gibt es dort zu
kaufen?

→Ü20

## 4 Der Laden von Günter Otto

Ein kleiner Laden in der Dresdner Neustadt,
dem heute ältesten Stadtteil von Dresden. In
dem kleinen Laden von Herrn Otto kann man
(fast) alles bekommen. Die Regale sind bis
zur Decke voll von Lebensmitteln. Und das
Beste ist, es gibt immer ein freundliches,
nettes Wort dazu.
Der Laden ist sehr alt. Es ist der älteste Laden
in der Dresdner Neustadt. Die Leute sagen,
er war schon immer da. Und er hatte auch
schon in DDR-Zeiten fast alles!
Aber immer weniger Menschen kaufen hier
ein. Immer mehr fahren mit dem Auto zu den
großen Supermärkten am Stadtrand. Dort
kann man schneller und billiger einkaufen als
in den altmodischen kleinen Läden im Wohn-
viertel, sagen sie.

 **A18**

Supermarkt oder
kleiner Laden?
a) Notieren Sie
Vorteile/Nachteile.
b) Diskutieren Sie.

→Ü21 – Ü24

**A16** Ich finde diesen Laden (viel) zu klein / zu alt / nicht so praktisch ...
**A18** Kleine Läden sind (viel) praktischer/persönlicher/angenehmer als Supermärkte.
In einem kleinen Laden kann man nicht so schnell/billig/bequem einkaufen wie in
einem Supermarkt.
Kleine Geschäfte sind genauso wichtig/gut/bequem wie große.
Ein Supermarkt ist besser/billiger als .... .
Ich gehe am liebsten in .... . Da kann ich .... .

# 5 Aussprache

## Konsonanten: ch, j, r

 S. 113 (B)

▷ S. 113 (B)

[ç] ‹ **ich** / fer**ti**g      *nicht, China, ruhig, zwanzig*

[x] — Bu**ch**      *auch, Nacht*

[j] — **j**a      *Januar, jetzt*

[r] ‹ hö**r**en / **Rh**ythmus / He**rr**      *Regel, Wort treffen, gro**ß***

**A19**

**Konsonanten unterscheiden**

a) Lesen Sie halblaut mit.
b) Sprechen Sie die Beispiele.

➔Ü25 – Ü28

## Literarische Texte

① 

Umgangsformen

Mich ichze ich.
Dich duze ich.
Sie sieze ich.
Uns wirze ich.
Euch ihrze ich.
Sie sieze ich.

Ich halte mich an die Regeln.

*(Kurt Marti)*

②

für sorge

ich für mich
du für dich
er für sich
wir für uns
ihr für euch

jeder für sich

*(Burkhard Garbe)*

**A20**

**Literarische Texte sprechen**

a) Lesen Sie die Texte ① und ②. Welche Wörter verstehen Sie? Diskutieren Sie.
b) Hören und sprechen Sie.
c) Lernen Sie einen Text.

 (30)

➔Ü29

# 6 Wortschatz

**A21**

**Collage „Lebensmittel"**

Welche Lebensmittel finden Sie in der Collage? Notieren Sie.

**A22**

Sammeln Sie Prospekte und machen Sie eine Collage.

das Mineralwasser • der Saft • das Bier • der Wein • der Kaffee • der Tee • die Milch • die Butter • der Käse • der/das Joghurt • die Schokolade • der Zucker • das Mehl • die Nudeln • der Reis • das Ei • das Brot • die Marmelade • der Honig • der Essig • das Öl • das Salz • der Pfeffer • das Fleisch • die Wurst • der Fisch

## 7 Grammatik

→Ü6 – Ü8     **Adjektiv: Graduierung**

---

*27. Juli*

*Liebe Melina,*
*nach ein paar Tagen in Berlin sind wir jetzt*
*in Dresden.*
*Die Stadt ist genauso interessant wie Berlin,*
*aber viel kleiner als die Hauptstadt.*
*In der Altstadt stehen die bekanntesten Gebäude*
*von Dresden. Aber die Neustadt gefällt*
*uns noch besser: Da ist das Leben*
*am buntesten!*

---

### a) Regelmäßig:

| POSITIV | klein | | stark | **–** |
|---|---|---|---|---|
| KOMPARATIV | klein-er | | stärk-er | **-er-** |
| SUPERLATIV | der<br>das klein-st-e<br>die | | stärk-st-e | **-st-e** |
| | am klein-st-en | | stärk-st-en | **-st-en** |

### b) Adjektive mit -d, -t, -s, -ß, -sch, -z am Wortende:

| POSITIV | weiß | alt | **–** |
|---|---|---|---|
| KOMPARATIV | weiß-er | ält-er | **-er-** |
| SUPERLATIV | weiß-est-e | ält-est-e | **-est-e** |
| | weiß-est-en | ält-est-en | **-est-en** |

### c) Unregelmäßig:

| POSITIV | gut | groß | hoch | ⚠ **gern / lieb** | ⚠ **sehr / viel** |
|---|---|---|---|---|---|
| KOMPARATIV | ⚠ **besser** | größer | ⚠ **höher** | lieber | ⚠ **mehr** |
| SUPERLATIV | der<br>das ⚠ **beste**<br>die | ⚠ **größte** | ⚠ **höchste** | liebste | ⚠ **das meiste** |
| | am ⚠ **besten** | ⚠ **größten** | ⚠ **höchsten** | liebsten | ⚠ **meisten** |

→Ü15 – Ü16     ### Vergleich (1)

1. Kleine Geschäfte sind **(genau)so wichtig**     **wie** große.

2. Dresden ist     **(genau)so bekannt**     **wie** Berlin.

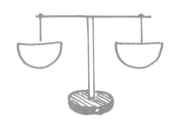

> … „(genau)so" + POSITIV + „wie" …

## 11

## Vergleich (2)

→Ü15 – Ü16, Ü22 – Ü24

1. Im Supermarkt kauft man **billiger** **als** auf dem Markt.

2. Auf dem Markt sind die Waren **frischer** **als** in der Kaufhalle.

3. Hier ist die Atmosphäre **persönlicher als** im Supermarkt.

> … KOMPARATIV + „als" …

## Vergleich (3)

→Ü20 – Ü21, Ü24

1. Die Prager Straße ist **die bekannteste** Einkaufsstraße von Dresden.

2. Dort sind **die schönsten** Geschäfte.

3. Die Neustadt ist **der älteste** Stadtteil von Dresden.

> … BEST. ARTIKEL + SUPERLATIV + SUBSTANTIV

## Vergleich (4)

→Ü20, Ü22

1. Auf dem Markt kaufe ich **am liebsten**.

2. Hier schmeckt das Gemüse **am besten**.

3. Hier kostet es aber auch **am meisten**.

> … „am" + SUPERLATIV

## Präteritum (1): „haben" und „sein"

→Ü4 – Ü5

„Dresden war eine wunderbare Stadt",
schreibt der Schriftsteller Erich Kästner,
„die Stadt Dresden gibt es nicht mehr."

Die Prager Straße war bis 1945 die wichtigste Einkaufsstraße Dresdens. Sie hatte
die schönsten Geschäfte in Sachsen.

Der alte kleine Laden von Günter Otto
war schon immer da, sagen die Leute aus
der Dresdner Neustadt. Und er hatte
auch in DDR-Zeiten fast alles.

| | haben | | sein | |
|---|---|---|---|---|
| ich | ha-**tt**-e | -e | **war**- – | - – |
| du | ha-**tt**-est | -est | **war**-st | -st |
| Sie | ha-**tt**-en | -en | **war**-en | -en |
| er es sie | ha-**tt**-e | -e | **war**- – | - – |
| wir | ha-**tt**-en | -en | **war**-en | -en |
| ihr | ha-**tt**-et | -et | **war**-t | -t |
| Sie | ha-**tt**-en | -en | **war**-en | -en |
| sie | ha-**tt**-en | -en | **war**-en | -en |

> **-tt-** ← PRÄTERITUM- → **war-**
> SIGNAL

## Essen und Trinken

### 1 Die Party

 **A1**

**Die Einladung –
Vermutungen**

Was tut und denkt
Christine wohl?

 **A2**

a) Warum gibt es
das Fest wohl?
b) Welche Fragen
hat Christine?

→Ü1 – Ü2

 **A3**

a) Was fragt
Christine?
b) Notieren Sie die
Antworten.

→Ü3 – Ü6

**A4**

**Ins Gespräch
kommen**

a) Dialoge ① und ②:
Wie viele
Personen sprechen?
b) Was sagen sie?
c) Spielen Sie die
Dialoge.

→Ü7 – Ü8

**Wir feiern**

Wann?   am 8. Juni,
Wo?   Berggasse 17,
Was?   eine große Gartenparty.
Bitte anrufen: 05 12 / 58 85 52

*Claudia*

① 
● Hallo …, wie geht's dir?
○ Danke, gut, und dir auch?
● Ja, alles in Ordnung. Ich hab dich schon
so lange nicht mehr gesehen!
○ Ja, ich glaub, das war vor ein paar
Monaten …
● Schau, da sind die Getränke.
Bedien dich selbst, bitte!
…

② 
● Guten Abend! Schön, dass Sie kommen.
○ Danke für die Einladung!
Darf ich Ihnen vorstellen, das ist mein
Kollege … .
■ Schönen Abend! Angenehm …
● Schönen Abend!
Was darf ich Ihnen zum Trinken
anbieten? …
…

| | |
|---|---|
| **A1** | Sie steht vor dem Spiegel. Sie hat eine Einladung / geht zu einem Fest. Wie soll ich mich anziehen? Elegant/Chic oder eher leger? Wer kommt wohl noch zur Party? Wen kenne ich außer …? |
| **A2** **A3** | Bis wann soll ich bei euch/Ihnen sein?   – Bis um / So gegen … Uhr. Was kann ich mitbringen?   – Nichts, danke. / Das ist nicht nötig. |
| **A4** | Was kann/darf ich Ihnen zum Essen/Trinken anbieten? Möchten Sie … oder lieber …? Bitte, nimm dir selbst / bedien dich selbst! |

# 2 Am Büfett

**B**ier, Wein, Saft, viele Getränke. Aber wo sind die Gläser?
**Ü**berholen oder nicht? Die besten Brötchen sind bald aus.
**F**ehler: Man ist satt, aber das Beste kommt erst.
**E**nttäuschung: Zu lange gewartet, es ist nichts mehr da.
**T**oll, jetzt kann's losgehen! Es hat so lange gedauert!
**T**ipp: Gehen Sie langsam das Büfett entlang und wählen Sie in
Ruhe aus. Die besten Sachen kommen immer am Schluss.

● Guten Appetit!
○ Danke, gleichfalls.
● Hast du den Kartoffelsalat schon versucht?
Der schmeckt sehr gut!
○ Ja, den probier ich gleich. Aber du musst
auch den griechischen Salat versuchen …
● Und dieses frische Brot! Herrlich!
○ Hast du die Lasagne auch probiert?
Die ist nicht besonders …
● Du weißt doch, ich esse kein Fleisch!
○ Dann ist sie richtig für dich,
die ist vegetarisch.
● Wie bitte? Lass mich mal versuchen!
○ Und?
● Prima! Ich hol mir auch ein Stück …
○ Trinken wir erst mal: zum Wohl!
● Prost!

| A8 | Guten Appetit! | – Danke, gleichfalls. |
|---|---|---|
| A9 | Zum Wohl! / Prost! | – Zum Wohl! |
| | Wie schmeckt (dir) der Kartoffelsalat? | – Gut. / Ausgezeichnet. / Nicht besonders. |
| | Hast du … schon versucht/probiert? | – Das musst du versuchen. / Probier mal … . |
| | Wie ist das Brot? | – Es ist ganz frisch. / Es schmeckt nicht. |

| A10 | Ich esse am liebsten vegetarisch. Ich mag kein Fleisch. |
|---|---|

**A5**

Über Essen
sprechen

Was gibt es alles
am Büfett?

| Fisch: | | |
|---|---|---|
| Fleisch: | | |
| Gemüse: | | |
| Salate: | | |
| Getränke: | | |

**A6**

a) Was möchten
Sie?
b) Was finden Sie
nicht? Ergänzen Sie.

**A7**

Welche Aussagen
passen zu dem
Mann am Büfett?

**A8**

Wie schmeckt's?
Notieren Sie
Ausdrücke im Text.

**A9**

Hören Sie den
Dialog:
Was ist anders?

→Ü9 – Ü11

**A10**

Wann essen Sie?
Wie oft am Tag?
Was essen Sie
gern / nicht gern?

→Ü12 – Ü17

(31)

## 3 Rezepte

# GEMÜSE-LASAGNE

**Zutaten für die Lasagne:**
(für sechs Personen)
**12 grüne Lasagne-Nudelblätter**
**½ kg Mozzarella**
**300 g Tomaten**
**½ kg Zucchini**
**700 g Auberginen**
**Zutaten für die Soße:**
**70 g Mehl**
**50 g Butter**
**¾ l Milch**
**10 g Käse (gerieben)**
**2 Eier**
**Salz, Pfeffer, Muskatnuss, Butter, Öl**

1. Für die Soße Butter erhitzen. Mehl durch ein Sieb einrühren. Milch dazugießen, gut rühren. Soße kurz kochen; dann mit Salz, Pfeffer und Muskatnuss würzen. Leicht abkühlen lassen. Eier und Käse einrühren.

2. Mozzarella in Scheiben schneiden. Tomaten kurz in kochendes Wasser, dann in kaltes Wasser legen und schälen. Tomaten, Zucchini und Auberginen in breite Scheiben schneiden.

3. Zucchini- und Auberginenscheiben auf beiden Seiten anbraten.

4. Einige Nudelblätter in eine Form legen, darauf Tomaten und Mozzarella. Nudelblätter darüber geben, darauf die Zucchini; darüber Nudelblätter und Auberginen. Auf jede Lage etwas Soße geben.

5. Geriebenen Käse auf die Lasagne streuen; ca. 50 Minuten ins Backrohr.

(Zubereitungszeit: ca. 2 Std. Als Beilage passt grüner Salat.)

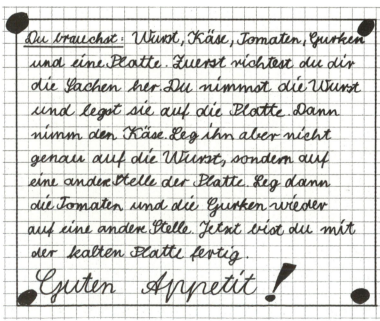

Du brauchst: Wurst, Käse, Tomaten, Gurken und eine Platte. Zuerst richtest du dir die Sachen her. Du nimmst die Wurst und legst sie auf die Platte. Dann nimm den Käse. Leg ihn aber nicht genau auf die Wurst, sondern auf eine andere Stelle der Platte. Leg dann die Tomaten und die Gurken wieder auf eine andere Stelle. Jetzt bist du mit der kalten Platte fertig. Guten Appetit!

# 4 Essen im Restaurant

A13

**Im Restaurant bestellen**

Was passiert?

→Ü20 – Ü21

| | | |
|---|---|---|
| Haben Sie schon gewählt? ● | ○ | Ja, aber ich hab eine Frage. Was ist das: „Gemüse überbacken mit Nudeln"? |
| Das sind verschiedene Gemüse, ● | ○ | Hm, ja, schön! Bringen Sie mir das! |
| je nach Saison, alles frische Sachen. Möchten Sie auch eine Vorspeise? ● | ○ | … |

**Hotel Restaurant *Edelweiß***
**18. Mai**

**Menü**                     DM 21,50

Tagessuppe
\*\*\*
Kalbsbraten in Rahmsauce,
Nudeln u. Salatteller
\*\*\*
Gemischtes Eis mit Sahne

**Tageskarte**

| | |
|---|---|
| Spinatspätzle in Rahmsauce und Salatteller | DM 10,50 |
| Kalbskotelette vom Grill mit feinem Gemüse und Reis | DM 19,-- |
| Forelle blau mit Petersilkartoffeln und Salat | DM 21,90 |

**Vorspeisen**

| | |
|---|---|
| Bunter Salatteller mit Thunfisch und Toast | DM 8,50 |
| geräucherte Forelle | DM 9,50 |

**Suppen**

| | |
|---|---|
| Suppentopf mit Huhn | DM 8,-- |
| Knoblauchrahmsuppe | DM 7,50 |
| Nudelsuppe | DM 4,50 |

**Hauptspeisen**

| | |
|---|---|
| Filetsteak in Pfefferrahmsauce mit Gemüse und Kartoffelkroketten | DM 29,-- |
| Hühnerschnitzel in Currysauce mit Früchtereis | DM 18,50 |

**Vegetarisches**

| | |
|---|---|
| Gemüse überbacken mit Nudeln | DM 14,80 |

A14

a) Welche Speisen kennen Sie nicht? Fragen Sie.
b) Stellen Sie ein Menü zusammen: Wählen Sie aus der Karte aus.

A15

Sie kochen zu Hause ein Menü: Was brauchen Sie dafür? Schreiben Sie einen Einkaufszettel.

---

**A13** Was ist heute die Tagessuppe, bitte? – Heute gibt es … .
Ist da auch Fleisch dabei? – Nein, das ist rein vegetarisch.
Bezahlen, bitte. / Die Rechnung, bitte. – Das macht 23 Mark 60. / 23 Mark 60, bitte.
Machen Sie 25 Mark. – Vielen Dank.

**A15** Für „Spinatspätzle" braucht man … .

**A16** In meinem Land isst man als Vorspeise oft … .
Für unsere Küche ist … eine typische Hauptspeise/Nachspeise.
Das bekannteste Gericht aus … ist … .

A16

Schreiben Sie eine internationale Speisekarte.

→Ü22

## 5 Aussprache

▷ S. 113 (B)

 **A17**

**Laute unter-scheiden**

a) Lesen Sie halblaut mit.
b) Sprechen Sie die Sätze nach.

→Ü27 – Ü29

### Konsonant: h

[h] —— **H**aus     h*ier*, H*o*chhaus
[ʔ] —— aus     um *e*lf

1. Hannes und Heidi haben heute Gäste.
2. Das Hobby von Hannes ist Kochen.
3. Heute gibt es Huhn mit heißen Himbeeren.
4. Anna kommt heute Abend um acht Uhr.
5. Um elf Uhr gehen alle auf eine Party.
6. Ute und Heidi bleiben bis ein Uhr.

 **A18**

a) Hören Sie den Dialog.
b) Sprechen Sie den Text.
c) Spielen Sie die Situation: Partner A spricht ruhig/sachlich; Partner B spricht ungeduldig/ nervös.

→Ü30

### Sprechausdruck

Wann kommen Ute und Heidi? ○
Ist die Lasagne dann schon fertig? ○
Hast du den Nachtisch schon probiert? ○
Das schmeckt aber komisch. ○
So salzig. ○
Finde ich auch. Ist es aber nicht. ○
Doch! Wollen wir nicht lieber
einen Pudding machen? ○

● Um acht, in einer halben Stunde!
● *Du* hast sie doch in den Ofen getan!
● Nein, mach *du* das mal!
● Komisch? Warum komisch?
● Was?? Tiramisu muss doch süß sein!
● Das ist ja nicht möglich!
● Jetzt noch? Nein, dann essen wir
lieber den Kuchen von gestern!

 **A19**

**Bedeutung von Präpositionen (2)**

a) Suchen Sie die Präpositionen im Text.
b) Suchen Sie zu jedem Fragewort passende Antworten.

 (33)

## 6 Wortschatz

### um • gegen • bis

So um 7 Uhr hat das Fest begonnen. Gegen halb acht waren die meisten Gäste da, aber bis 12 Uhr sind immer noch Leute gekommen. Das Fest hat ca. bis 5 Uhr früh gedauert.

### um • durch • entlang

Es waren schon viele Leute da. Wie immer sind die meisten um das Büfett herum-gestanden. Ich habe mich durch die Leute gedrängt und bin das Büfett entlang gegangen. Es hat tolle Sachen gegeben!

**A20**

Beschreiben Sie die Zeichnungen. Verwenden Sie Ausdrücke mit Präpositionen.

→Ü23 – Ü25

### für • ohne • gegen

Ich bin vom Büfett gekommen, mit zwei vollen Tellern für meine Freundin und für mich. Aber ohne Getränke. Ich hatte keine Hand mehr frei. Und dann ist es passiert! Ich bin gegen den Tisch gestoßen …

Wo?   Wie lange?   Womit?
Wann?   Für wen?
Wogegen?   Ohne was?

um   durch   entlang

für   ohne   gegen

der Herd

das Backrohr

der Kühlschrank

das Spülbecken

das Geschirr

der Topf

die Pfanne

die Schüssel

die Platte

der Teller

die Tasse

das Glas

das Besteck

das Messer

die Gabel

der Löffel

die Serviette

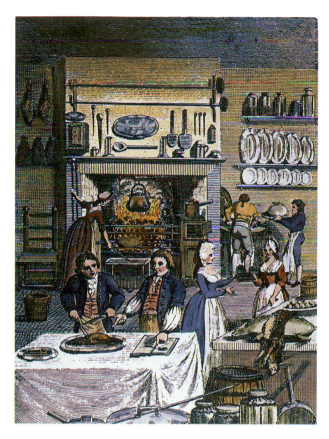

einschalten

ausschalten

kochen

braten

würzen

rühren

backen

herrichten

schälen

schneiden

abwaschen/spülen

putzen

den Tisch decken

den Tisch abräumen

**A21**

**Bilder und Wörter: „Kochen"**

a) Lesen Sie die Wörter links: Was finden Sie im Bild? Wo sind diese Dinge in Ihrer Küche?
b) Lesen Sie die Wörter rechts. Was machen Sie gern, was nicht?

**A22**

a) Welche Ausdrücke zum Thema „Kochen" hören Sie? Notieren Sie.
b) Ordnen Sie die Wörter zu Wort-Gruppen (5–7 Wörter). Vergleichen Sie.

„Herr Ober, einen Kaffee bitte!"

„Einen Kaffee!"

„Gibt's hier denn keinen Kaffee???"

„Ich will endlich einen Kaffee!"

„Entschuldigung, haben Sie meinen Kaffee vergessen?"

(Das dauert aber ziemlich lange hier!)

(Ah, schön, jetzt in Ruhe einen Kaffee trinken …)

(Wo bleibt denn der Ober mit meinem Kaffee?)

(Ich muss ja schon bald gehen!)

(So was ist mir noch nie passiert, jetzt gehe ich!)

(Was ist denn hier los? Muss man sich hier selbst bedienen?)

(So ein Mist!)

**A23**

**Bilder und Wörter: „Bestellen"**

a) Was sagt der Gast, was denkt er? Wählen Sie einen Satz zu jedem Bild.
b) Variieren oder ergänzen Sie.
c) Sie sind der Gast: Sagen Sie Ihre Bestellung laut.

# 7 Grammatik

→Ü23 – Ü25

## Präpositionen (2): Präpositionen mit Akkusativ

- ● Das ist ein Rezept **für** eine Lasagne **ohne** Fleisch.
- ○ Was brauchen wir **für** die Soße?
- ● Wir müssen zuerst Butter erhitzen. Dann müssen wir Mehl **durch** ein Sieb einrühren …

Die Gäste gehen langsam **um** das Büffet herum. Achtung! Nicht **gegen** den Tisch stoßen!
Den Leuten gefällt das Fest: Alle bleiben **bis** Mitternacht, viele noch länger …

**für, ohne, durch, um, gegen, bis** → IMMER MIT **AKKUSATIV**

→Ü26

## Präpositionen (3): Übersicht

| PRÄPOSITIONEN MIT … | | | |
|---|---|---|---|
| … AKKUSATIV | … DATIV | … AKKUSATIV (wohin?) ODER | DATIV (wo?) |
| bis<br>durch<br>für<br>gegen<br>ohne<br>um | aus<br>bei<br>mit<br>nach<br>seit<br>von<br>zu | | an<br>auf<br>hinter<br>in<br>neben<br>über<br>unter<br>vor<br>zwischen |

→Ü12 – Ü15

## Verben mit Reflexivpronomen

Christine **freut** sich über die Einladung.
Auf dem Fest trifft sie viele Freunde. Die meisten
Gäste haben Hunger und **beeilen** sich: Sie
**bedienen** sich am Büffet selbst.

| VERB + REFLEXIV-PRONOMEN | | | PERSONAL-PRONOMEN | REFLEXIV-PRONOMEN |
|---|---|---|---|---|
| ich | freue | mich | ich | mich |
| du | freust | dich | du | dich |
| Sie | freuen | **sich** | Sie | **sich** |
| er<br>es<br>sie | freut | **sich** | er<br>es<br>sie | **sich** |
| wir | freuen | uns | wir | uns |
| ihr | freut | euch | ihr | euch |
| Sie | freuen | **sich** | Sie | **sich** |
| sie | freuen | **sich** | sie | **sich** |

## Verb und Ergänzungen (2): Präpositionalergänzung

→Ü16 – Ü17

| | | | |
|---|---|---|---|
| Christine | freut sich | **über** die Einladung. | |
| „Ich | danke | **für** die Einladung.“ | |
| Die Gastgeber | warten | **auf** die Gäste. | |
| Viele Leute | nehmen | **an** der Party | teil. |
| Die Gäste | unterhalten sich | **über** andere Gäste. | |
| „Der Weißwein | passt | **zum** Fisch.“ | |

VERB

SUBJEKT
Wer? oder Was?

PRÄPOSITIONALERGÄNZUNG
Worüber? Wofür? Worauf? Woran? Wozu? …
Über/Für/Auf/An wen? Zu wem?

## Imperativ (2)

### a) Formen

→Ü6

| INFINITIV | legen | schneiden | nehmen | fahren | sein | |
|---|---|---|---|---|---|---|
| SINGULAR 2. Person | leg(e)! | schneid(e)! | ⚠ ni**mm**! | fahr(e)! | sei! | **-(e)** |
| | legen Sie! | schneiden Sie! | nehmen Sie! | fahren Sie! | seien Sie! | **-en** |
| PLURAL 2. Person | legt! | ⚠ schneidet! | nehmt! | fahrt! | ⚠ sei**d**! | **-(e)t** |
| | legen Sie! | schneiden Sie! | nehmen Sie! | fahren Sie! | seien Sie! | **-en** |

### b) Gebrauch: Befehl, Aufforderung

→Ü5, Ü7

„Bitte, **sei** so nett:
**Nimm** die Tomaten
und **schneid(e)** sie in Stücke!
Nun **leg(e)** sie auf die Platte …“

## 1 Alte Bilder und Texte

 **A1**

**Einen alten Text verstehen**

Was verstehen Sie? („Narretei" = Unsinn, lustige Sache; „sich erbauen" = sich freuen)

→Ü1

 **A2**

Was verstehen Sie jetzt? Was heißt wohl „Gaukler"?

→Ü2 – Ü3

*„Kommt, ihr Leute, lauft herbei,*
*anzuschaun die Narretei!*
*Heute könnt ihr euch erbauen,*
*denn gar vieles gibt's zu schauen.*
*Ein Zauberspiel auf weißer Wand:*
*Die Laterna Magica entführt in ein exotisch' Land. "*

 **A3**

Sind das Fotos? Was zeigen die Bilder? Beschreiben Sie.

→Ü4

 **A4**

Kennen Sie eine „Laterna Magica"? Erzählen Sie.

→Ü5

# 2 Der Knödelfresser

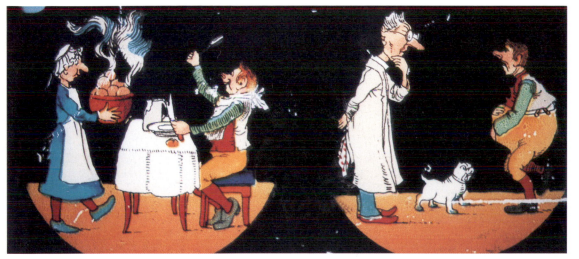

① *Hier seht ihr ihn, Sebastian Knoop,*
*den Schneidermeister. Er lebt bescheiden,*
*raucht nicht, trinkt nicht, isst mäßig nur*
*und spart sein Geld.*
*Aber er hat ein Leibgericht: Knödel, heiße*
*Knödel! Niemand kocht die besser als*
*Clementine, seine Frau.*
*Vorsicht, Knoop! Pass auf, pass auf!*

② *Zu spät! Der Bauch ist rund*
*wie ein Ballon!*
*Dem Knoop wird schlecht.*
*Er muss zum Arzt.*
*Der Doktor denkt: Was ist zu tun? –*
*Schnell, schnell, sonst platzt*
*der arme Kerl!*

③ *Das Messer fällt.*
*Es spritzt das Blut.*
*Die Knödel rollen.*
*Ach, tut das gut!*

④ *Da liegen sie, die Knödel.*
*Der Bauch ist leer,*
*und Knoop geht's besser.*
*Aber er muss zahlen, und das tut weh!*

**A5**

**Eine Bilder-
Geschichte
verstehen und
spielen**

Sehen Sie zuerst
die vier Bilder an:
Verstehen Sie
die Geschichte von
Knoop, dem
Knödelfresser?
Erzählen Sie.

**A6**

Lesen Sie Text ①.
Beschreiben Sie
Sebastian Knoop.

**A7**

Lesen Sie die Texte
② – ④:
a) Was ist passiert?
Erzählen Sie mit
eigenen Worten.
b) Was tut Knoop
weh? Warum?

➜Ü6 – Ü7

**A8**

Hören Sie die Texte
① – ④:
Was verstehen Sie
jetzt?

**A9**

a) Hören Sie den
Text noch einmal.
b) Spielen Sie
eine Pantomime
zum Text mit
drei Spielern.

➜Ü8 – Ü10

---

**A7**    Knopp isst so viel, weil seine Frau so gut kocht.
Knoop muss zum Arzt, weil er Bauchschmerzen hat.
Der Arzt schneidet den Bauch auf, weil der sonst platzt.
Knoop geht es jetzt viel besser, aber er muss eine hohe Rechnung bezahlen.

## 3 Musica Magica

 **A10**

**Eine alte Kunst beschreiben**

Ruth und Günther sind die „Gaukler" der Laterna Magica. Lesen Sie den ersten Absatz im Text: Was machen sie genau?

 **A11**

Lesen Sie den Text ganz. Machen Sie Notizen zu den Fotos, zur Laterna Magica, zu den Künstlern Ruth und Günther.

→Ü11

 **A12**

Warum interessieren sich jetzt wieder viele Menschen für diese alte Kunst? Was denken Sie darüber?

 **A13**

Hören Sie ein Interview mit Ruth und Günther. Für wen spielen sie? Wie sieht das Programm aus?

→Ü12 – Ü14

Ruth Baumer
Günther Holzhey
Rosenstraße 27a
70182 Stuttgart

Ruth Baumer – Günther Holzhey:
„Musica Magica" nennt sich dieses Duo. Die beiden machen Theater. Sie projizieren alte Bilder an die Wand und erzählen dazu Geschichten, oft mit Musik und Geräuschen.

Die Bilder sind alte Originale, direkt auf Glas gemalt.
Das sind Kostbarkeiten, oft bis zu 200 Jahre alt. Ruth kauft diese Bilder auf Kunstauktionen in London, Paris, Wien.

„Laterna Magica" heißt „Zauberlaterne". Schon im 17. Jahrhundert haben die Menschen diesen Projektionsapparat konstruiert.

Heute interessieren sich wieder viele Menschen für diese alte Kunst, weil sie müde vom Fernsehen sind.
„Ihre Augen sind wieder ganz offen für die Poesie der Laterna Magica", sagt Günther Holzhey.

Ruth hat früher Straßentheater gespielt. Sie ist hier die „Lanternista" und zeigt die Bilder. Günther war mal Orgelbauer. Jetzt ist er der Erzähler, Musiker und Geräuschemacher.

Die beiden arbeiten schon viele Jahre zusammen und sagen, dass sie immer noch viel Spaß an ihrer Kunst haben.

**A11** Eine Laterna Magica ist ein Projektionsapparat aus dem 17. Jahrhundert. Die beiden Künstler benutzen alte Originalbilder, direkt auf Glas gemalt.
**A12** Viele Menschen interessieren sich für diese Kunst, weil sie … .

## 4 Die Naturkatastrophe

*„Wir machen mit der Laterna Magica
eine Reise durch die Geographie und
durch die Zeit.
Wir sitzen jetzt in Pompeji am Golf von
Neapel. Es ist im Jahr 79 nach Christus.
Wir sitzen mit Freunden in der Pizzeria
VESUVIO.
Im Hintergrund sehen wir den Vesuv,
den berühmten Vulkan, der manchmal
raucht und donnert.
Aber wir haben keine Angst.
Der Ober kommt und bringt Spaghetti.
Wir unterhalten uns, trinken Wein und
singen."*

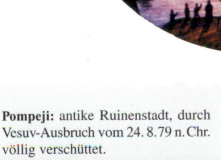

**A14**

**Eine Bild-Ton-
Geschichte
verstehen**

a) Lesen Sie den
Lexikon-Ausschnitt
(unten links).
b) Haben Sie von
dieser Katastrophe
schon gehört? Was
wissen Sie davon?

**A15**

Sehen Sie die
Bilder an:
Was passiert da?
Beschreiben Sie.

**A16**

Lesen Sie den Text
(oben):
Warum haben die
Leute keine Angst?

→Ü15

**Pompeji:** antike Ruinenstadt, durch
Vesuv-Ausbruch vom 24. 8. 79 n. Chr.
völlig verschüttet.
1748 Beginn der Ausgrabungen:
Stadtanlage, Forum, Tempel, Theater, Thermen, Wohnhäuser; Mosaik-
bilder u. Skulpturen sind z. T. gut
erhalten.

**A17**

a) Hören Sie die
Geschichte:
Gefällt sie Ihnen?
Wie ist sie gestaltet?
b) Haben Sie noch
andere Ideen zur
Gestaltung?

→Ü16 – Ü18

## 5 Robinson Crusoe *(nach Daniel Defoe)*

**A18**

**Aus der Erinnerung erzählen**

Schauen Sie die Bilder an: Erinnern Sie sich an die Geschichte von „Robinson Crusoe"? Erzählen Sie.

**A19**

**Eine vereinfachte Inhaltsangabe verstehen**

Lesen Sie die Einleitung (oben) und die Zeilen 1–16 der Geschichte: Wo passiert das Unglück? Wo liegt die Insel? Suchen Sie auf einer Landkarte.

Wir machen eine zweite Reise durch die Geographie und durch die Zeit. Diesmal bringt uns die Laterna Magica zurück in das Jahr 1659.
Wir alle kennen die Geschichte, sie ist weltberühmt: „Robinson Crusoe".
27 Jahre lebt Robinson allein auf einer einsamen Insel an der Mündung des Orinoko, nahe bei Trinidad.
Hier beginnt die Geschichte:

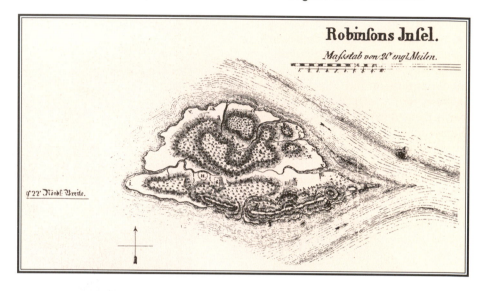

**A20**

Lesen Sie die Zeilen 17–27: Was findet Robinson auf dem Schiff? Kann er damit ein neues Leben anfangen?

→Ü19

Ein Schiff segelt von Südamerika nach Afrika, weil es von dort Sklaven holen soll. 17 Mann sind an Bord, unter ihnen Robinson Crusoe. Das Schiff fährt an der brasilianischen Küste entlang nach
5 Norden. Es soll am 10. Breitengrad nach Afrika hinübersegeln.

Die Fahrt ist ruhig. Aber nach zwölf Tagen kommen sie in einen gewaltigen Orkan, und der wirft das Schiff auf eine Sandbank. Dort liegt es fest,
10 und der Sturm tobt und tobt.

Die Männer springen in ein Rettungsboot und rudern zum Ufer. Aber die wilde See zerstört das Boot, alle Männer ertrinken, bis auf Robinson. Eine riesige Welle wirft ihn auf eine Klippe, und
15 er ist gerettet. Erschöpft und todmüde schläft er am Strand ein.

Am nächsten Morgen ist das Wetter schön und klar, die See ist ruhig. Das Schiff liegt eine Meile vor der Küste. Robinson schwimmt zum Schiff
20 hinüber. Er findet dort Brot, Reis, Käse, Fleisch, Getreide, Rum, Mehl und Zucker. Er findet auch Tinte, Papier, Bücher und – den Schiffshund.

Er baut ein Floß und bringt alles an Land. Er holt auch noch Gewehre, Werkzeuge, Kleider und eine
25 Hängematte und baut aus Segeln ein Zelt. Robinson steigt auf einen Berg und sieht, dass er auf einer Insel gelandet ist.

Jetzt beginnt sein einsames Leben. Es ist der
30. September 1659. Robinson macht für jeden

30  Tag einen Schnitt in den Holzpfahl, für jeden
siebten Tag einen langen Schnitt. Das ist sein
Kalender für 27 Jahre. So lange nämlich muss er
auf dieser Insel leben. Sein einziger Begleiter ist
der Schiffshund. Nach seinem Tod ist Robinson

35  ganz allein.

Er trägt Kleider aus Ziegenfell und einen Schirm
gegen Regen und Sonne.

Er schießt wilde Ziegen und Vögel. Er sät und
erntet Getreide, weil er Brot backen will. Er hat

40  genug zum Leben. Eines Tages entdeckt Robinson am Strand eine Fußspur im Sand! Es ist nicht
seine eigene Spur, sondern die Spur von einem
fremden Menschen. Robinson erschrickt: Wer ist
dieser Mensch? Woher ist er gekommen? Was

45  macht er hier auf seiner Insel? Dann erschrickt er
noch mehr, weil er Schädel, Hände, Füße und
Knochen von Menschen findet. Menschenfresser,
Kannibalen sind auf seiner Insel gewesen!

Und sie kommen regelmäßig wieder, weil sie hier

50  auf der Insel ihre Gefangenen töten und essen.
Robinson beobachtet sie viele Male, und eines
Tages sieht er, dass einer der Gefangenen flüchtet
und genau auf ihn zuläuft. Drei Kannibalen verfolgen ihn. Robinson tötet die Verfolger und rettet

55  den Flüchtling.

Der wirft sich vor ihm auf den Boden und setzt
Robinsons Fuß auf seinen Kopf, weil er ihm
sagen will: Ich danke dir für mein Leben und will
immer dein Diener sein. Robinson nennt seinen

60  neuen Diener „Freitag", weil er ihn an einem Freitag gerettet hat.

Sie unterhalten sich mit Händen und Füßen, und
Robinson lehrt seinen Diener einige Worte Englisch. Die beiden leben und arbeiten jetzt zusam-

65  men. Sie bauen ein Kanu mit Mast und Segeln
und fahren ein Stück aufs Meer hinaus.

Endlich, nach vielen Jahren, kommt ein engli-
sches Schiff. Robinson erzählt dem Kapitän seine
Lebensgeschichte.

70  Am 19. Dezember 1686 verlässt er seine Insel
nach 27 Jahren, 2 Monaten und 19 Tagen. Er
kommt am 11. Juli 1687 wieder in England an.

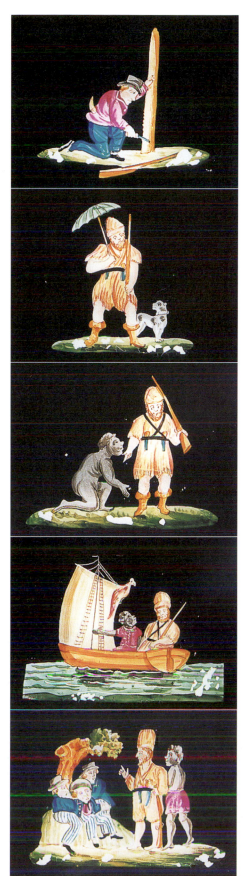

**A21**

Lesen Sie den Text
von Zeile 28 bis
zum Ende:
a) Wie lebt Robin-
son auf der Insel?
b) Was passiert
alles?
c) Wie lernt er
„Freitag" kennen?
d) Wie sprechen
und leben die
beiden miteinander?

→Ü20

**A22**

**Einen Text
besprechen
und inszenieren**

Wo sind die Höhe-
punkte der ganzen
Geschichte?

→Ü21

(35)

**A23**

Spielen Sie die
ganze Geschichte
im Kurs.

→Ü22

## 6 Aussprache

 **A24**

**Laute unterscheiden**

a) Lesen Sie halblaut mit.
b) Sprechen Sie die Beispiele.

→Ü23 – Ü26

### Konsonanten: m, n, ng, l

[m] < **M**onat / schwi**mm**en

[n] < **N**ame / wa**nn**

[ŋ] < si**ng**en / da**n**ke

[l] < **l**esen / wo**ll**en

Moment mal! / kommen

nicht / kennen

Englisch / links

lernen / schnell

 **A25**

**Satzakzent üben**

a) Welche Aussage ist am wichtigsten?
b) Hören Sie noch einmal und lesen Sie halblaut mit.

### Satzakzent

▷ S. 114 (E)

Robinson erwacht. Er spürt Sand an den Händen, hört die leisen Wellen, das Meer, fühlt die Sonne auf seiner Haut. Ist es möglich, dass er den gewaltigen Orkan überlebt hat? Er hofft, dass auch andere Männer leben.

Er schaut aufs Meer. Da liegt das Schiff. Er schwimmt hinüber, weil er dort vielleicht noch nützliche Dinge finden kann. Er findet Essen, Bücher, Werkzeuge, Gewehre und – den Schiffshund!

Er ist froh, dass der Hund noch lebt.

 **A26**

a) Lesen Sie halblaut mit.
b) Sprechen Sie nach.

→Ü27

Robinson ist froh, dass der Schiffshund noch lebt.

Er hofft, dass bald ein Schiff kommt.

Er sät Getreide, weil er Brot backen will.

In **Satzgefügen** (Hauptsatz + Nebensatz) ist der **Satzakzent** meist im **Nebensatz**.

Robinson ist froh, dass der Schiffshund noch lebt.

 **A27**

**Unbekannte Wörter erschließen**

a) Kennen Sie die markierten Wörter?
b) Fragen 1–5: Welche Wörter im Text erschließen Sie damit?

## 7 Wortschatz

Ruth Baumer und Günther Holzhey machen Theater. Sie projizieren alte Bilder an die Wand und erzählen dazu Geschichten, oft mit Musik und Geräuschen.

Die Bilder sind alte Originale, direkt auf Glas gemalt. Das sind Kostbarkeiten, oft bis zu 200 Jahre alt. Ruth kauft sie auf Kunstauktionen in London, Paris, Wien.

„Laterna Magica" heißt „Zauberlaterne". Schon im 17. Jahrhundert haben die Menschen diesen Projektionsapparat konstruiert.

 **A28**

a) Markieren Sie unbekannte Wörter im Text, S. 92, Zeile 7–20.
b) Verwenden Sie die Fragen 1–5 (mit Partner/Partnerin).
c) Notieren Sie weitere Fragen.

**1. Bild und Text:** Erklärt Ihnen das Bild oder die Zeichnung zum Text das Wort? *projizieren*

**2. Internationale Wörter:** Gibt es ähnliche Wörter in Ihrer Muttersprache oder einer anderen Sprache? *Theater, projizieren, Original*

**3. Wörter im Satz:** Welche anderen Wörter gehören zu diesem unbekannten Wort? *Geschichten: Geschichten erzählen; Geräusche: Musik und Geräusche*

**4. Wissen zum Thema:** Was finden Sie zum Thema im Text? Was wissen Sie noch? *Kostbarkeit: Originale, sehr alt, Kunstauktionen → „selten, teuer"*

**5. Wörter zerlegen:** Welches andere deutsche Wort steckt in diesem Wort? *Kostbarkeit: kosten, etwas kostet viel*

# 8 Grammatik

## Hauptsatz und Nebensatz (1): „dass"-Satz

→Ü13 – Ü14

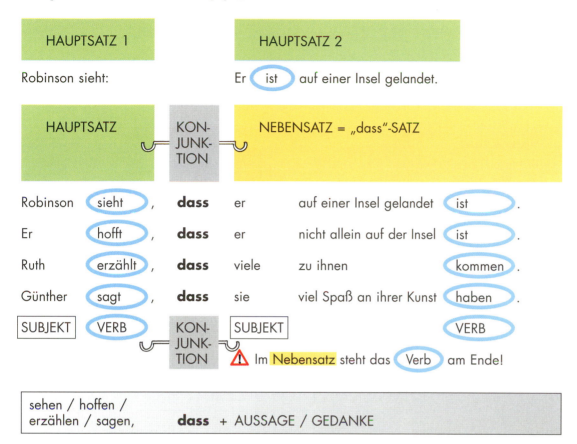

| HAUPTSATZ 1 | HAUPTSATZ 2 |
|---|---|
| Robinson sieht: | Er ist auf einer Insel gelandet. |

| HAUPTSATZ | KON-JUNK-TION | NEBENSATZ = „dass"-SATZ |
|---|---|---|
| Robinson sieht, | dass | er auf einer Insel gelandet ist. |
| Er hofft, | dass | er nicht allein auf der Insel ist. |
| Ruth erzählt, | dass | viele zu ihnen kommen. |
| Günther sagt, | dass | sie viel Spaß an ihrer Kunst haben. |
| SUBJEKT VERB | KON-JUNK-TION | SUBJEKT VERB |

⚠ Im Nebensatz steht das Verb am Ende!

> sehen / hoffen / erzählen / sagen, **dass** + AUSSAGE / GEDANKE

## Hauptsatz und Nebensatz (2): Kausalsatz

→Ü9 – Ü10

| HAUPTSATZ 1 | HAUPTSATZ 2 |
|---|---|
| Robinson sät und erntet Getreide. | Er will Brot backen. |

| HAUPTSATZ | KON-JUNK-TION | NEBENSATZ = KAUSALSATZ |
|---|---|---|
| Robinson sät und ernet Getreide, | weil | er Brot backen will. |
| Er nennt den Gefangenen Freitag, | weil | er ihn am Freitag gerettet hat. |
| Ein Schiff segelt nach Afrika, | weil | es von dort Sklaven holen soll. |

> SACHVERHALT ◄——— **weil** + URSACHE / GRUND

## 1 Rund um den Kopf

**A1**

**Gesicht und Körperpflege**

a) Lesen Sie die Tipps und notieren Sie alle Körperteile.
b) Welche Tipps finden Sie gut? Welche schlecht? Machen Sie Notizen und vergleichen Sie in der Gruppe.

**A2**

Kennen Sie andere Tipps? Diskutieren Sie.

**A3**

Malen Sie einen Kopf. Notieren Sie alle Wörter rund um den Kopf. Kleben Sie den Zettel zu Hause an den Spiegel.

→Ü1 – Ü3

---

# SANOFIT                                    Nr. 7 / Juli

## Das Gesundheitsmagazin für Sie

*Was können Sie für sich tun? Praktische Tipps und Ideen von der SANO-FIT-Redaktion:*

### Sich entspannen

Machen Sie Ihr persönliches Augentraining. Nehmen Sie ein Foto mit einer schönen Landschaft. Schauen Sie das Bild fünf bis zehn Minuten an. Atmen Sie dabei tief und regelmäßig. Das entspannt Ihre müden Augen und hilft gegen Stress und Nervosität.

### Sich konzentrieren

Machen Sie ab und zu eine kurze Pause bei der Arbeit. Konzentrieren Sie sich 2–3 Minuten lang auf Ihren Atem: Öffnen Sie das Fenster und atmen Sie die frische Luft durch die Nase tief ein. Atmen Sie dann durch den Mund aus. Wiederholen Sie diese Übung mindestens siebenmal.

### Sich fit fühlen

Waschen Sie Ihr Gesicht am Morgen mit kaltem Wasser. Massieren Sie zuerst sanft das Gesicht, dann die Ohren und zuletzt den Hals. So fühlen Sie sich frisch für den ganzen Tag.
Noch ein Tipp: Verwenden Sie keine Seife, nur reines Wasser. Das ist besser für Ihre Haut.

### Sich pflegen

Pflegen Sie Ihre Haare mit natürlichen Produkten. Für normales Haar nehmen Sie ein Shampoo mit Apfel oder Zitrone. Bei fettigem Haar hilft ein Shampoo mit Kräuterextrakten. Wenn Sie trockenes Haar haben, dann verwenden Sie ein Shampoo mit Pflanzenöl. Wichtig: Bürsten Sie die nassen Haare sehr gründlich. So bekommt Ihr Haar Glanz und Kraft.

### Sich die Zähne putzen

Regelmäßiges Zähneputzen (drei Minuten am Morgen, am Mittag und am Abend) schützt vor Zahnproblemen. Wenn Sie akute Zahnschmerzen haben, gibt es einen einfachen Trick: Drücken Sie mit zwei Fingern direkt zwischen Nase und Oberlippe. Drücken Sie zwei bis vier Minuten auf diesen Punkt, und die Schmerzen gehen vorbei.

---

**A1**   Wie pflegen Sie Ihre Haare?              – Ich wasche sie jeden Tag mit Apfel-
**A2**                                                            shampoo.

Was machst du gegen fettiges Haar?       – Ich verwende ein Kräutershampoo.
Was tust du für deine Zähne?                  – Ich putze sie regelmäßig.
Was hilft bei akuten Zahnschmerzen?   – Wenn du Zahnschmerzen hast, dann ... .

# 2 Endlich ohne Schmerzen sitzen

*Der moderne Mensch hat nicht genug Bewegung. Mehr als die Hälfte des Tages sitzt er auf Stühlen und Sesseln. Oft sind Rückenschmerzen die direkte Folge.*

Sie sitzen auf einem Stuhl, die Beine entspannt, die Füße auf dem Boden. Strecken Sie den rechten Arm und legen Sie dann die Hand in den Nacken. Ⓐ
Lassen Sie jetzt den linken Arm nach unten hängen und folgen Sie der Bewegung mit dem Körper. Ⓑ
Wechseln Sie nun den Arm.
Achtung: nicht nach vorn oder hinten drehen!

Stellen Sie sich aufrecht hinter den Stuhl, die Hände legen Sie auf die Lehne. Ⓐ
Gehen Sie jetzt – mit aufrechtem Rücken – in die Knie. Ⓑ
Dann stehen Sie wieder auf. Die Hände bleiben auf dem Stuhl. Ⓐ
Achtung: regelmäßiges Atmen und kurze Pausen, Rücken und Brust entspannen!

Setzen Sie sich aufrecht auf den Stuhl, die Beine entspannt, die Füße leicht nach hinten. Legen Sie die Hände auf die Knie. Ⓐ
Stehen Sie jetzt langsam auf. Gehen Sie mit dem Körper nach vorn. Die Hände bleiben auf den Knien. Ⓑ
Achtung: Der Rücken muss gerade bleiben!

Noch ein Tipp zum Schluss:
Wenn Sie Zeit haben, machen Sie die Übungen mehrmals am Tag.

*SANOFIT zeigt Ihnen drei einfache Übungen für den Rücken: Gymnastik für daheim, fürs Büro oder für die Schule.*

Übung 1

Übung 2

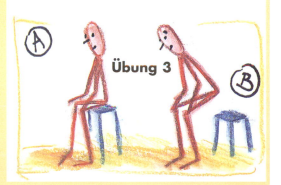

Übung 3

**A4**
**Körperteile**
a) Lesen Sie und schauen Sie die Bilder an.
b) Malen Sie einen Strich-Menschen. Lesen Sie und notieren Sie alle Körperteile.

Füße

→Ü4 – Ü6

**A5**
**Bewegungen beschreiben**
a) Lesen Sie Ihrem Partner eine Übung vor: Ihr Partner macht die Übung.
b) Nehmen Sie einen Stuhl und spielen Sie.

**A6**
Was machen Sie für Ihre Gesundheit?
→Ü7 – Ü8

| A5 | Stellen Sie sich hinter den Stuhl! | Sie stehen jetzt hinter dem Stuhl. |
|---|---|---|
| | Setz dich bitte auf den Stuhl! | Du sitzt jetzt auf dem Stuhl. |
| | Leg die Hände auf die Brust! | Die Hände liegen auf der Brust. |
| | Leg die Hände in den Nacken! | Die Hände sind jetzt im Nacken. |
| A6 | Was tust du für deine Gesundheit? | – Ich mache regelmäßig Gymnastik … |

(36)

**siebenundneunzig • 97**

## 3 Ein Arzt gibt Auskunft

**A7**

**Information über Krankheiten und Behandlung**

Über welche drei Themen spricht der Arzt?

Wir haben mit Dr. Birrer über häufige Krankheiten und den Besuch beim Arzt gesprochen. Dr. Birrer sagt, dass die Leute vor allem zum Arzt gehen, wenn sie eine Grippe haben oder erkältet sind. Aber auch Rückenschmerzen und Sportunfälle sind nach Meinung von Dr. Birrer häufig. Kinder sind heute sehr oft krank, weil die Luft so schlecht ist.

Für Dr. Birrer ist ein gutes Gesprächsklima und eine persönliche Beziehung zum Patienten wichtig. Er benutzt für das Gespräch mit den Patienten eine Checkliste. Er spricht mit ihnen nicht nur über ihre Gesundheit, sondern auch über die Familie und die Arbeit. Probleme gibt es für ihn, wenn ein Patient kommt, der nicht Deutsch, Französisch oder Englisch spricht. Er lacht und sagt: „Dann rede ich mit Händen und Füßen – irgendwie geht es immer."

Zum Schluss des Gesprächs gibt uns Dr. Birrer Tipps: Was soll man mitnehmen, wenn man eine Reise macht?

**A8**

a) Was sind häufige Krankheiten?
b) Welche Fragen stellt der Arzt?
c) Was gehört in eine Reiseapotheke?

→ Ü9 – Ü14

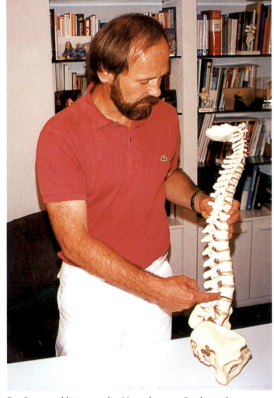

Dr. Birrer erklärt uns die Ursache von Rückenschmerzen: für viele heute ein großes Problem.

| Checkliste | |
|---|---|
| Beruf | Elektriker |
| Arbeitgeber | Strom AG, Heitenried |
| Allgemeinzustand | gut |
| Appetit | gut |
| Verdauung | leichte Probleme |
| Gewicht | 75 kg |
| Fieber | — |
| Herz | normal |
| Atmung | ✓ |
| Haut | ✓ |
| Augen | rot, entzündet |
| Schlaf | wacht oft auf |
| Sport | Fußball (1x die Woche) |
| Rauchen | 10 Zigaretten pro Tag |
| Reisen | — |
| Soziales | Familie lebt im Ausland |
| Medikamente | — |

**A9**

Stellen Sie Ihre eigene Reiseapotheke zusammen.

→ Ü15 – Ü18

### Die Reiseapotheke „Erste Hilfe"

Inhalt: Schere, Pflaster, Binden und Verbandsmaterial, Desinfektionsmittel, Schmerztabletten, Wundsalbe und verschiedene Medikamente, z. B. gegen Verstopfung, Durchfall und

## 4 Beim Arzt

### ① Am Abend

- Du siehst schlecht aus. Was ist los mit dir?
- ○ Mir geht's nicht gut. Ich habe Kopf-schmerzen, und mein Bauch tut auch weh.
- Willst du nicht zum Arzt gehen?
- ○ …

### ② Am nächsten Morgen

- Praxis Doktor Jung, guten Tag!
- ○ Guten Tag. Mir ist schlecht, und ich habe Kopf- und Bauchschmerzen. Kann ich …?
- Entschuldigung, wie ist Ihr Name?
- ○ Knup. Rita Knup.
- ● …

### ③ Am anderen Tag

- Frau Knup?
- ○ Ja.
- Können Sie dieses Formular ausfüllen und dann im Wartezimmer Platz nehmen?
- ○ …

### ④ Beim Arzt im Sprechzimmer

- Guten Tag, Frau Knup. Was kann ich für Sie tun?
- ○ Ich weiß nicht so recht. Gestern hatte ich noch starke Schmerzen, aber jetzt … .
- ● …

**A10**

**Über Krankheit sprechen**

a) Wer spricht in den Dialogen ①, ②, ③, ④? Wer ist krank?
b) Was hat die Person? Was empfiehlt der Arzt?

→Ü19

**A11**

Hören Sie die vier Dialoge noch einmal. Notieren Sie wichtige Fragen und Antworten.

→Ü20 – Ü21

**A12**

Sie sind krank. Spielen Sie eine Szene in der Apotheke oder beim Arzt.

→Ü22 – Ü25

| **A8** | Dr. Birrer meint/sagt, dass … | |
|---|---|---|
| **A11** | Wie geht's dir? | – Schlecht. Ich habe … . |
| | Was ist los mit dir? | – Ach, nicht so schlimm, nur Bauchschmerzen. |
| | Soll ich dir einen Tee machen? | – Nein danke, das geht vorbei. / Ja, gerne. |
| | Was kann ich für Sie tun? | – Ich weiß nicht, ich habe seit zwei Tagen … . |
| | Haben Sie Fieber? | – Ja, 39 Grad. / Nein, ich glaube nicht. |
| | Wo haben Sie Schmerzen? | – Hier. / Wenn ich esse, tut es da weh. |
| **A12** | Haben Sie etwas für/gegen …? | |
| | Ich brauche ein Medikament gegen … . | |

## 5 Wie gesund sind Sie?

**A13**

**Über Gesundheit sprechen**

a) Wählen Sie einen Text aus. Lesen Sie und machen Sie Notizen.
b) Informieren Sie die Gruppe.

➔Ü26 – Ü27

### Leben ist für mich Sein

Ich bin 35 Jahre alt, habe drei Kinder und bin HIV-positiv. Als ich das vor drei Jahren erfahren habe, war das ein Schock: Ich Aids! Meine Arbeitskolleginnen haben mit mir nicht mehr gesprochen. Ich habe mich isoliert und alleine gefühlt.
Heute kann ich meine Krankheit akzeptieren. Ich habe nur wenige Freunde, aber mit ihnen kann ich offen über meine Krankheit sprechen. Ich lebe jetzt bewusst und bin nicht mehr so gestresst. Ich nehme mir Zeit, esse gesund und höre auf meine innere Stimme. Ich will nicht richtig krank werden, denn Leben ist für mich Sein. Ich kann ja auch nicht einfach sterben, denn die Kinder brauchen mich.

Claudia Sch., 35

**Die Seite für unsere Leserinnen und Leser**

**SANO-FIT UMFRAGE:**

**Wie gesund sind Sie?**

### So richtig gesund bin ich nie

Früher hatte ich immer sehr starke Kopfschmerzen, Tag und Nacht. Mein Arzt hat mir Tabletten gegeben. Am Anfang habe ich zwei oder drei genommen, und es hat nicht geholfen; dann habe ich immer mehr genommen: Ich war süchtig. Ohne Pillen ist es nicht mehr gegangen. Das war eine schreckliche Zeit! Heute geht es mir wieder besser. Ich schlucke keine Pillen mehr, aber Kopfweh habe ich immer noch – so richtig gesund bin ich nie.

Martha M., 65

### Kein Alkohol – kein Tabak

Gesundheit bedeutet mir alles. Ich mache jeden Morgen Gymnastik. Auch beim Essen achte ich auf die richtige Ernährung; deshalb trinke ich keinen Alkohol und rauche nicht. Ich fühle mich richtig gut und habe viel Energie.

Lea V., 18

### Die Welt ist schön

Vor zwei Jahren war ich in einer Klinik, weil ich schwere Depressionen hatte. Ich habe mich völlig kaputt gefühlt, und die ganze Welt war nur noch grau. Ich habe in der Klinik eine Maltherapie angefangen. Heute kann ich mich wieder freuen, wenn ich andere Menschen sehe oder in der Natur bin. Ab und zu kommt das alte Gefühl wieder; aber nach zwei, drei Tagen geht es zum Glück vorbei.

Martin Z., 32

### Krank sein ist gefährlich

Schon als Kind war ich nie krank. Mein Vater hat immer gesagt: „Krankheit bedeutet Schwäche." Ich habe keine Zeit, krank zu sein. Ich habe viel zu viel Arbeit. Ich bin manchmal am Wochenende etwas müde; dann nehme ich Tropfen und Tabletten, und am nächsten Tag bin ich wieder fit. Krank sein ist gefährlich: Ein Kollege hat die Arbeit verloren, weil er zu viel krank war.

Walter L., 25

**A14**

Wie gesund sind *Sie*? Waren Sie schon krank oder im Krankenhaus?

**A13** Ich habe den Text von … gelesen. Sie sagt, dass … . / Er schreibt, dass … . Ich finde, … .

**A14** Darüber möchte/kann ich nicht sprechen.
Ich fühle mich gut. Manchmal habe ich Probleme mit … .
Mit 15 habe ich eine Operation am Knie gehabt. Da … .
Vor zwei Jahren habe ich mir das rechte Bein gebrochen/verstaucht.
Im letzten Sommer habe ich einen Autounfall gehabt. Da … .

# 6 Aussprache

## Konsonanten / -verbindungen: z, -tion, pf, x, chs, qu

[ts] — zehn / Satz / rechts / Information    Zeit / jetzt    nichts / Situation

[ks] — Taxi / mittags / sechs / links    Text / sonntags / wechseln

[pf] —— empfehlen    Pfeffer / Kopf

[kv] —— bequem    Qualität

1. Kopfschmerzen? Dr. Pfeifer empfiehlt Kopfmassage oder Kopfstand!
2. Zahnschmerzen? Zuerst die Zähne putzen und zur Not zum Zahnarzt!
3. Erschöpft? Dr. Fuchs empfiehlt mittags sechs Tropfen Kräuterextrakt!

## Satzakzent

▷ S. 114 (E)

Sie bleibt nicht nur einen Tag im Bett, sondern drei.

Ihr Hals tut nicht mehr weh, aber ihr Kopf.

Sie nimmt keine Tablette, sie geht lieber spazieren.

In **Satzgefügen**, die einen **Gegensatz** ausdrücken, liegt der **Hauptakzent** meist **im bejahten Teilsatz**.

Sie bleibt nicht nur einen Tag im Bett, sondern drei. ...

# 7 Wortschatz

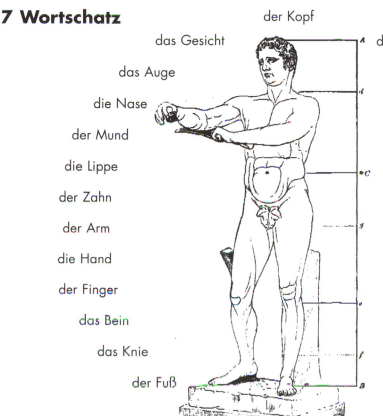

der Kopf

das Gesicht

das Auge

die Nase

der Mund

die Lippe

der Zahn

der Arm

die Hand

der Finger

das Bein

das Knie

der Fuß

das Haar

das Ohr

der Hals

die Haut

der Körper

die Brust

das Herz

der Bauch

der Rücken

die Zehe

**A15**  AUS

**Laute unterscheiden**

a) Lesen Sie halblaut mit.
b) Sprechen Sie die Beispiele.

→Ü28 – Ü29

**A16**  AUS

Hören Sie und sprechen Sie nach.

**A17**  AUS

**Satzakzent üben**

a) Lesen Sie halblaut mit.
b) Sprechen Sie die Beispiele.

→Ü30 – Ü32

**A18**

**Wort-Kreis „Der Körper"**

a) Lesen Sie die Wörter halblaut im Kreis (links oder rechts herum).
b) Diktieren Sie ihrem Partner / Ihrer Partnerin die Wörter.

**A19**

**Wort-Partner: „Das Gesicht"**

a) Suchen Sie passende Adjektive zu den Teilen des Gesichts, z.B.: *der runde Kopf*.
b) Schließen Sie die Augen. Sprechen Sie die Ausdrücke.

# 8 Grammatik

→Ü2 – Ü3,
Ü23 – Ü25

## Attributives Adjektiv (2): Nominativ, Akkusativ, Dativ

Frau Knup ist krank. Sie hat eine schwere Grippe, hohes Fieber und starke Schmerzen.
Der Arzt gibt ihr ein starkes Mittel gegen das hohe Fieber. Und sie soll heißen Tee trinken.
„Heißer Tee ist auch ein gutes Mittel bei einer schweren Grippe", sagt er.

Sie hat ▮ hoh e[s] Fieber.
Der Arzt gibt ihr ein starkes Mittel gegen  da[s] hohe  Fieber.

> **SUBSTANTIV-GRUPPE:**
>
> ARTIKEL-WORT + ADJEKTIV MIT ENDUNG + SUBSTANTIV

In der Substantiv-Gruppe hat der Artikel oder die Adjektivendung ein Kasus-Signal ☐.

### a) Adjektivendungen nach dem bestimmten Artikel (Singular)

| SING. | MASKULIN | NEUTRUM | FEMININ |
|---|---|---|---|
| NOM. | de[r]   heiß e   Tee | das   gut e   Mittel | di[e]   schwer e   Grippe |
| AKK. | de[n]   heiß en   Tee | | |
| DAT. | de[m]   heiß en   Tee | de[m]   gut en   Mittel | de[r]   schwer en   Grippe |

### b) Adjektivendungen nach dem unbestimmten Artikel *ein-*, *kein* und Possessivartikel (Singular)

| SING. | MASKULIN | NEUTRUM | FEMININ |
|---|---|---|---|
| NOM. | (k)ein   heiß e[r]   Tee | (k)ein   gut e[s]   Mittel | (k)ein[e]   schwer e   Grippe |
| AKK. | (k)eine[n]   heiß en   Tee | | |
| DAT. | (k)eine[m]   heiß en   Tee | (k)eine[m]   gut en   Mittel | (k)eine[r]   schwer en   Grippe |

### c) Adjektivendungen nach Null-Artikel (Singular)

| SING. | MASKULIN | NEUTRUM | FEMININ |
|---|---|---|---|
| NOM. | ▮   heiß e[r]   Tee | ▮   gut e[s]   Mittel | ▮   schwer e[e]   Grippe |
| AKK. | ▮   heiß e[n]   Tee | | |
| DAT. | ▮   heiß e[m]   Tee | ▮   gut e[m]   Mittel | ▮   schwer e[r]   Grippe |

### d) Adjektivendungen im Plural

| PLURAL | MIT ARTIKEL-WORT | OHNE ARTIKEL-WORT |
|---|---|---|
| NOM. | di[e]   stark en   Schmerzen | ▮   stark e   Schmerzen |
| AKK. | | |
| DAT. | de[n]   stark en   Schmerzen | ▮   stark e[n]   Schmerzen |

## Hauptsatz und Nebensatz (3): Konditionalsatz mit realer Bedingung

→Ü17 – Ü18

### a) Hauptsatz vor Nebensatz:

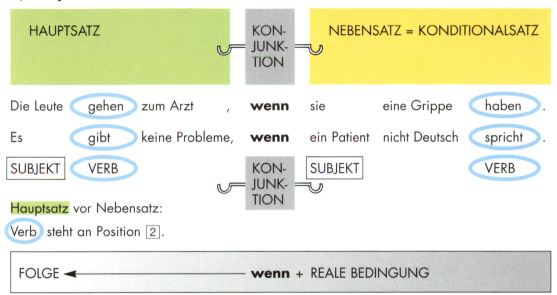

### b) Nebensatz vor Hauptsatz:

# Niklas lebt in Berlin

**A1**

**Erinnerung und Wiederholung**

Wie lange haben Sie bis heute mit diesem Buch gearbeitet? Wie viele Stunden im Kurs und zu Hause?

**A2**

In welchem Kapitel haben Sie das Perfekt gelernt? Wann die Präpositionen? Und wann die ersten Nebensätze?

**A3**

Suchen Sie die Bilder (rechts) in Kapitel 1–14. Machen Sie dazu Notizen.

Das 15. Kapitel steht am Ende eines wichtigen Lernabschnittes. Es bringt keine neue Grammatik – aber eine ungewöhnliche Geschichte: Im Mittelpunkt steht Niklas, ein interessanter junger Mann mit sehr unterschiedlichen Interessen und Berufen.

Gleichzeitig ist „Niklas" ein Wiederholungskapitel, sprachlich und thematisch: Man kann viel Bekanntes wiedererkennen. Die folgenden Bilder zeigen Situationen und Themen aus den Kapiteln 1–14, die Teilen der Niklas-Geschichte sehr ähnlich sind.

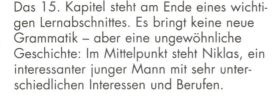

**Per-Niklas Mascher**

Birlinger Weg 4
14089 Berlin
Tel. (0 30) 3 65 58 13

**A4**

**Eine Person beschreiben**

Wer ist Niklas?

**A5**

Was erfahren Sie alles über Niklas? Notieren Sie.

**A6**

a) Machen Sie Notizen zu einer Person von Seite 104 oder zu anderen Personen aus Kapitel 1–14 (z. B. Robinson …).
b) Stellen Sie die Person vor (ohne Namen!). Die Gruppe rät.

 **A7**

**Informationen zu einer Veranstaltung verstehen**

Wo spielt Niklas hier?
Lesen Sie die Einladung (rechts).

S. 18

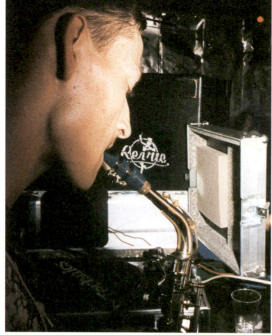

 **A8**

Warum schläft Niklas oft bis zum Mittag?

S. 25

 **A9**

Wie spricht Niklas? Können Sie ihn gut verstehen?

 **A10**

Seit wie vielen Jahren spielt Niklas öffentlich Saxophon? Wie denkt er über sein Sax-Spiel?

S. 19, 30

Niklas, 24, Student, spielt seit 13 Jahren Saxophon. Das Instrument passt gut zu Pop-Musik und Jazz, meint er.

Er spielt in Diskotheken, auf Festen, Partys und Kunstausstellungen, meist in Berlin, aber auch in London und in Stockholm.

Niklas spielt Solos zu CDs: „Der Job macht mir Spaß." Aber die Arbeit kostet sehr viel Zeit, weil die Partys spät anfangen und oft bis zum nächsten Morgen dauern.

Niklas hat manchmal mehrere Auftritte am Tag, etwa um 23 Uhr, um 1 Uhr und dann wieder um 3 Uhr morgens.

Meistens unterhält er sich danach noch mit Freunden und fährt dann erst nach Hause – per Anhalter, weil er kein Auto hat. Niklas schläft dann oft bis zum Mittag.

**A11**

**Über historische Ereignisse sprechen**

Schauen Sie die 2 Fotos (oben) an: Erinnern Sie sich an 1989/90? Was ist damals in Osteuropa und in Deutschland passiert?

Noch lebt Niklas bei seinen Eltern in Kladow, am Rande von Berlin, nahe bei Potsdam. Früher war hier die Grenzmauer zwischen West-Berlin und der DDR. Auf jedem Weg ins Zentrum von Berlin und zurück nach Kladow ist Niklas an dieser Mauer entlanggefahren. Der Grenzstreifen war streng bewacht und nachts hell erleuchtet. Direkt an der Mauer waren Wachtürme mit bewaffneten Soldaten. West-Berlin war wie eine Insel im Staatsgebiet der DDR.

Aber 1989 sind große politische Veränderungen passiert: in der Sowjetunion, in Polen, in Ungarn, in der Tschechoslowakei, in der DDR. Plötzlich war die Grenze in Deutschland offen; und die Menschen in Ost und West haben angefangen, die Mauer abzureißen.

Jetzt fährt Niklas mit seinem Mountain-Bike über die alte Grenze quer durch das Land.

Niklas hat zwei Muttersprachen, „weil ich Deutsch und Schwedisch von klein auf zur gleichen Zeit gelernt habe". Sprachen faszinieren ihn, und er spricht und lernt noch einige mehr. – Ich frage ihn: „Kannst du deine Sprachen hier in Berlin gut verwenden?"

**A12**

a) Wo wohnt Niklas? Vergleichen Sie Text, Fotos und Karte.
b) Was hat sich 1989 für ihn geändert?

S. 72–76

**A13**

**Über Sprachen sprechen**

a) Was ist die Muttersprache von Niklas? Wie viele Sprachen spricht er?
b) Wie und wo lernt er Fremdsprachen?

S. 19, 30–33, 36–39

**A14**

**Orientierung: Ort, Weg, Sehenswürdigkeiten**

a) Wie gefällt Ihnen Niklas jetzt?
b) Was macht er? Welche Funktion hat er hier?

 **A15**

Suchen Sie auf dem Stadtplan:
– den Tiergarten,
– die Straße des 17. Juni,
– „Unter den Linden",
– die Siegessäule,
– das Brandenburger Tor,
– den Reichstag,
– den Kurfürstendamm,
– die Hofjägerallee.

 **A16**

a) Niklas ist Student und … – Wie wendet er seine Sprachen an? Was zeigt er seinen Gästen?
b) Hören Sie ein paarmal: Folgen Sie auf dem Stadtplan.

**S. 12, 13, 15, 48**

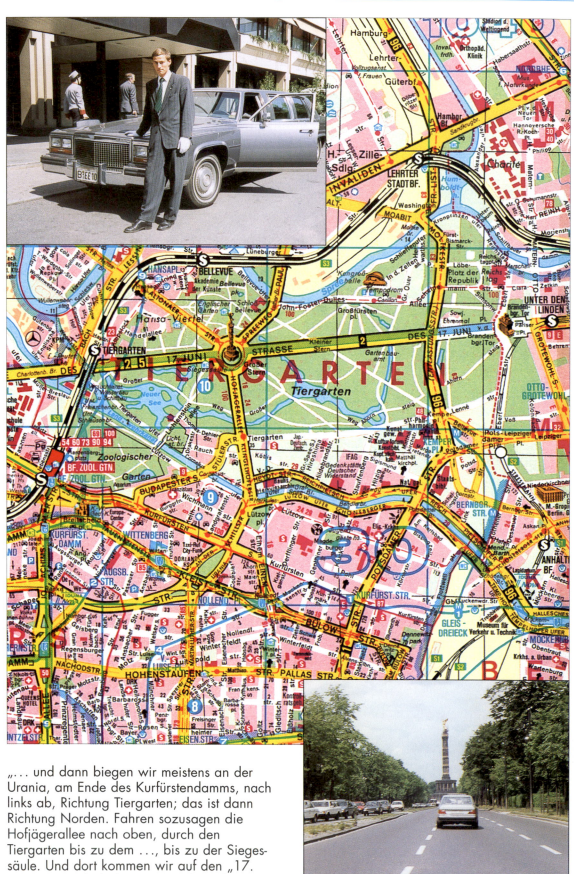

„… und dann biegen wir meistens an der Urania, am Ende des Kurfürstendamms, nach links ab, Richtung Tiergarten; das ist dann Richtung Norden. Fahren sozusagen die Hofjägerallee nach oben, durch den Tiergarten bis zu dem …, bis zu der Siegessäule. Und dort kommen wir auf den „17. Juni", eine sehr bekannte Paradestraße …"

Was Mir Berlin bedeutet

Ich lebe hier in Kladow am Rande vom früheren WestBerlin schon seit ca. 17 Jahren. Der See der zu Fuß 5 min. von unserem Haus entfernt ist, war durch Bojen in der Mitte gut in Ost+West geteilt. Das Dorf Kladow war durch seine Lage nur von zwei Seiten her zu erreichen und zwar vom Norden per Auto oder von der Osten her von Wannsee per Boot. ...

**A17**

**Informationen zu historischen Ereignissen**

Was ist in Ihrem Land zwischen 1945 und 1990 passiert?

Von 1949–1990 waren in Deutschland zwei deutsche Staaten: die „Bundesrepublik Deutschland" und die „Deutsche Demokratische Republik". Das war die Folge des Zweiten Weltkrieges, den Deutschland 1939 begonnen hatte: die Teilung der Welt in „Ost" und „West" nach 1945.

Zwischen den beiden deutschen Staaten war seit 1961 „die Mauer"; und da waren fast keine Verbindungen von hier nach dort und von dort nach hier.

Niklas hat die Mauer, die nur fünf Minuten vom Haus seiner Eltern entfernt war, immer vor Augen gehabt. Seine Welt war begrenzt. Für Niklas, wie für alle Menschen in Deutschland, war es eine Sensation, als „die Mauer" plötzlich Löcher hatte. Berlin, seine Heimat, war mit einem Mal doppelt so groß wie bisher. Niklas schreibt: „Berlin ist zwar immer noch vom Gefühl her zwei Städte, aber ..."

**A18**

Warum war die Welt von Niklas bis 1989 eng und begrenzt?

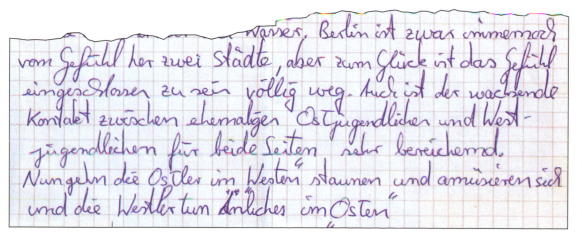

... Wasser. Berlin ist zwar immernoch vom Gefühl her zwei Städte, aber zum Glück ist das Gefühl eingeschlossen zu sein völlig weg. Auch ist der wachsende Kontakt zwischen ehemaligen OstJugendlichen und Westjugendlichen für beide Seiten sehr bereichernd. Nun gehn die Ostler im Westen staunen und amüsieren sich und die Westler tun ähnliches im Osten".

**A19**

a) Versuchen Sie, die Handschrift von Niklas zu lesen.
b) Wie beschreibt er die „Lage" von Kladow?
c) Welche Vorteile hat für ihn die Öffnung der Mauer gebracht?

S. 30, 32, 57, 59

# 15

 **A20**

**Zeitdauer und Zeiträume beschreiben**

Vergleichen Sie die Fotos S. 107 (oben) mit dem Foto (rechts): Was hat sich geändert, was ist noch gleich? Wie viele Jahre sind wohl vergangen?

 **A21**

a) Was haben Sie von der Berliner „Reichstags-Verhüllung" gehört?
b) Kennen Sie andere Kunstwerke von Christo und Jeanne-Claude?

S. 45, 52, 88–93

Lieber Freund,

wie lange ist es her, dass du das Interview und die Fotos mit mir gemacht hast? Erinnerst du dich noch an diesen Grenzweg, wo ich mit dem Mountain-Bike gefahren bin? Erkennst du ihn wieder? Er wächst langsam zu. Das Foto ist nicht besonders gut; ein Schnappschuss, den meine Freundin gemacht hat. Aber du wirst mich wohl erkennen.

Hier in Berlin ist viel los. Wir werden Bundeshauptstadt! Im Zentrum bauen sie riesige Industriekomplexe, Ministerien und Verwaltungs-zentralen ...

Aber du weißt, ich interessiere mich mehr für Kunst. Das größte Ereignis war für mich die „Verhüllung" des Berliner Reichstages 1995. Du hast es bestimmt gelesen und gesehen: Christo und Jeanne-Claude haben das gigantische Gebäude in Stoff eingepackt – 100000 Quadrat-meter Kunststoff! Und plötzlich bewegte sich der schwere Klotz, war leicht und luftig. Millionen Besucher haben gestaunt.

Ich finde, das war ein tolles Symbol für den Neubeginn.

**A22**

„Verhüllen" Sie
einen Gegenstand
im Kursraum /
in der Schule.
Erklären und
diskutieren Sie Ihr
Kunstwerk.

## Das Vokal-Viereck

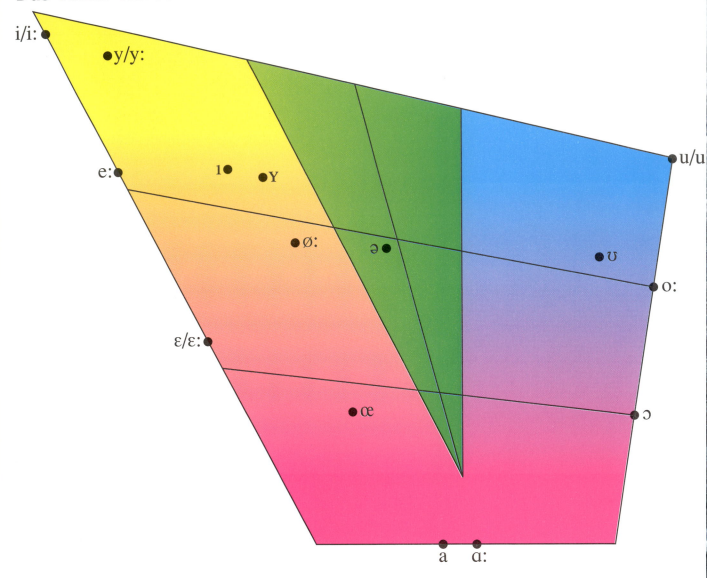

## Das Vokal-Viereck „im Mund"

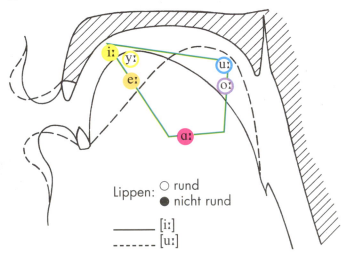

Lippen: ○ rund
● nicht rund

——— [iː]
------- [uː]

# Aussprache-Regeln

## A Vokale

| Buchstaben Sie lesen/schreiben: | Aussprache Sie hören/sprechen: | Beispiele: |
|---|---|---|
| Vokal + Vokal<br>Vokal + „h" | immer **lang** | *Staat, Tee, Zoo, sie<br>Sahne, sehen, ihr, fühlen* |
| Vokal + 1 Stammkonsonant | meistens **lang** | *Tag, Zug, er hör-t* |
| Vokal + Doppelkonsonant | immer **kurz** | *Gruppe, Bett, Zucker* |
| Vokal + mehrere Konsonanten | meistens **kurz** | *Heft, März, Herbst* |

## B Konsonanten

| Buchstaben Sie lesen/schreiben: | Aussprache Sie hören/sprechen: | Beispiele: |
|---|---|---|
| „-b -d -g -s -v" | am Wort- und Silbenende:<br>[p] [t] [k] [s] [f] | *Ver-b [p], un-d [t], Zu-g [k],<br>Kur-s\|raum [s], positi-v [f],* |
| „ch" | [x] nach „a, o, u, au"<br><br>[ç] nach allen anderen Vokalen<br>nach „l, r, n"<br>in der Endung „-ig"<br><br>[k] vor den Buchstaben „a, o, u, l, r" | *lachen, doch, Buch, auch*<br><br>*ich, möchte, euch<br>welcher, durch, manchmal<br>fert-ig*<br><br>*Chaos, Chor, Chur<br>Chlor, Christiane* |
| „h" | [h] am Wort- und Silbenanfang<br><br>nicht vor: [ə], „ig, -ung" | *Haus, unter\|halten*<br><br>*sehen, ruh-ig, Droh-ung* |
| „r" | [r] am Wort- und Silbenanfang<br>nach kurzem Vokal<br><br>[ɐ] in der Endung „-er"<br>nach langen Vokalen und in den Vorsilben: „ver-, zer-, er-" | *rot, hö\|ren<br>Herr*<br><br>*Partn-er<br>Tür, Uhr, ver\|stehen<br>zer\|stören, er\|klären* |
| „st, sp" | [ʃt] [ʃp] am Wort- und Silbenanfang | *Stadt, Aus\|sprache* |
| „v" | [v] bei Fremdwörtern am Wort- und Silbenanfang | *Video, Vokal,<br>Kla\|vier* |

## C Akzente in Wort, Wortgruppe und Satz

Akzent<u>wort</u>:        *Wir gehen ins <u>Ki</u>no.*

Akzent<u>silbe</u>:                     *<u>Ki</u>no.*

Akzent<u>vokal</u>:                     *K<u>i</u>no.*

( _ lang / **.** kurz)

**Wort:** Jedes Wort hat im Deutschen einen **festen Wortakzent** mit bestimmten Regeln:
*kommen, ankommen, bekommen, Information, informieren*

**Wortgruppe:** Substantive, Verben, Adjektive und Adverbien können im Satz einen Akzent tragen.
Zusammen mit Pronomen, Präpositionen, Artikel-Wörtern bilden sie Wortgruppen, die **zusammen nur einen Akzent** haben, den **Wortgruppenakzent:**
*wir gehen, zum Bahnhof, er fragt sie, ins Theater gehen*

**Satz:** In jedem Satz gibt es einen **Satzakzent**. Den Satzakzent trägt das Wort mit der zentralen Information. In der sachlichen Aussage liegt er meist am Satzende:
*Wir gehen heute ins Kino.*

## D Wortakzent

| Typen von Wörtern: | Hier ist der Wortakzent: | Beispiele: |
|---|---|---|
| 1. einfache **deutsche Wörter** <br> 2. **nicht trennbare Verben** <br> 3. Substantive auf **„-ung"** | STAMMSILBE | *lesen, Sprache* <br> *bekommen, erklären* <br> *Erklärung* |
| 4. **trennbare Verben** und <br> davon abgeleitete Substantive | PRÄFIX | *aufgeben, nachsprechen* <br> *Aufgabe* |
| 5. Nachsilbe **„-ei"** <br> 6. **Buchstabenwörter** <br> 7. Endung **„-ion"** | LETZTE SILBE | *Bäckerei, Polizei* <br> *BRD, EU* <br> *Information, Nation* |
| 8. Endungen **„-ieren, -ismus"** | VORLETZTE SILBE | *funktionieren, Optimismus* |
| 9. die meisten **Fremdwörter** | LETZTE / VORLETZTE SILBE | *Idee, Student, Dialog / Folklore* |
| 10. **Komposita** | BESTIMMUNGSWORT | *Stadt\|zentrum, Tomaten\|salat* |

## E Satzakzent

1. Abhängig von der Situation betont man im Satz immer das Wort mit der **wichtigsten** Information:

*Wo liegt das Buch?*          – *Das Buch liegt unter dem Tisch. (nicht neben dem Tisch)*

*Wo liegt das Buch?*          – *Das Buch liegt unter dem Tisch. (nicht unter dem Stuhl)*

*Was liegt unter dem Tisch?*  – *Das Buch liegt unter dem Tisch. (nicht das Heft)*

2. Abhängig vom Kontext betont man im Satz immer die **neue** Information:

*Er geht ins Kino. Er geht mit Klaus ins Kino. Er geht morgen mit Klaus ins Kino.*

*Er geht ins Kino. Er geht morgen ins Kino. Er geht morgen mit Klaus ins Kino.*

3. In der sachlichen Aussage liegt der Satzakzent meist **am Ende des Satzes**:

*Karin und Jenny reiten nach Osten.*     (Aussage)

*Es gibt heute Brot, Butter und Käse*     (Aufzählung)

*Robinson sieht, daß er auf einer Insel ist.*  (Nebensatz)

*Er isst nicht zwei, sondern zehn Knödel.*   (Gegensatz mit „sondern")

4. In Sätzen, die einen Gegensatz ausdrücken, haben beide Gegensatz-Wörter einen Akzent. Der Satzakzent liegt auf dem **bejahten Gegensatz-Wort**.

*Sie nimmt keine Tabletten, sie will lieber spazierengehen.*

## F Sprechpausen

1. Wortgruppen und kurze Sätze spricht man ohne Pausen:
*in der Stadt; ins Kino gehen; er geht ins Kino.*

2. Eine kleine Pause macht man nach den Satzzeichen: **,** und **;**
*Er wohnt in Hamburg, | und sie wohnt in München.*

3. Eine große Pause macht man nach den Satzzeichen: **. ? ! – :**
*Sie spielt Klavier. || Morgen geht sie in ein Konzert.*

## G Sprechmelodie

### 1. Fallende Sprechmelodie:
Sie drückt aus: Ich spreche sachlich/entschieden. Emotion: Freude/Zorn.

*Wir lernen hier Deutsch.*    (Aussage)        *Gehen Sie!*            (Aufforderung/Befehl)
*Wo wohnen Sie?*      (W-Fragen: sachlich)    *Phantastisch!*   (Ausrufe)
*Hören Sie zu, bitte.*    (Aufforderung)       *Es reicht!*

### 2. Steigende Sprechmelodie:
Sie drückt aus: Ich spreche höflich, freundlich, persönlich. Emotion: Erstaunen/Sehnsucht.

*Wohnst du in Berlin?*    (Satzfrage)        *In Berlin?*             (Rückfragen)
*Wo wohnst du?*      (W-Fragen:        *Und wann kommt der Bus?*
               höflich / persönlich)  *Du fährst mit dem Bus?*  (erstaunte Frage)

### 3. Gleichbleibende Sprechmelodie:
Sie drückt aus: Der Gedanke ist noch nicht abgeschlossen; ich bin unentschieden.
Emotion: Ängstlichkeit, Unentschiedenheit:

*Sie kauft Brot, Käse, Butter und Milch.*      im Satz vor Pausen (meist durch Komma markiert)

*Er sagt: „Ich koche, und du wäschst ab!"*     Redeankündigung

*Sie sagt: „Wer kocht, kann auch abwaschen!"*

# Die Beziehung von Buchstaben und Lauten im Deutschen

| Buchstabe(n) | Laut(e) | Beispiele |
|---|---|---|
| a aa ah | [aː] | Name, Staat, Zahl |
| | [a] | Stadt |
| ä äh | [ɛː] | Käse, zählen |
| | [ɛ] | Männer |
| äu | [ɔy] | Häuser, heute |
| ai | [ai] | Mai |
| au | [au] | Pause |
| b bb | [b] | haben, Hobby |
| -b | [p] | Verb |
| ch | [ç] | ich |
| | [x] | Buch |
| | [k] | Chor |
| -chs | [ks] | sechs |
| d | [d] | Dialog |
| -d | [t] | und |
| -dt | [t] | Stadt |
| e ee eh | [eː] | lesen, Tee, sehr |
| | [ɛ] | Fest |
| -e(-) | [ə] | danke (unbetont!) |
| -er(-) | [ɐ] | Partner (unbetont!) |
| ei | [ai] | ein |
| eu | [ɔy] | heute |
| f ff | [f] | für, Kaffee |
| g | [g] | gut |
| -g | [k] | Tag |
| h | [h] | Haus |
| i ie ieh ih | [iː] | Kino, viel, (er) sieht, ihr |
| | [ɪ] | trinken |
| -ig | [ɪç] | fertig |
| j | [j] | ja |
| k ck | [k] | Kurs, Frühstück |
| l ll | [l] | leben, wollen |

| Buchstabe(n) | Laut(e) | Beispiele |
|---|---|---|
| m mm | [m] | Monat, schwimmen |
| n nn | [n] | Name, wann |
| -ng | [ŋ] | singen, danke |
| o oh oo | [oː] | Rom, wohnen, Zoo |
| | [ɔ] | kommen |
| ö öh | [øː] | hören, fröhlich |
| | [œ] | können |
| p pp | [p] | Pause, Gruppe |
| ph | [f] | Alphabet |
| qu | [kv] | bequem |
| r rh rr | [r] | rot, Rhythmus, Herr |
| s ss | [s] | Haus, Cassette |
| | [z] | Seite |
| sch | [ʃ] | Schule |
| sp | [ʃp] | sprechen |
| st | [ʃt] | Studentin |
| ß | [s] | heißen |
| t tt th | [t] | Text, bitte, Theater |
| -tion | [ts] | Information |
| u uh | [uː] | Juni, Uhr |
| | [ʊ] | August |
| ü üh | [yː] | Zürich, fühlen |
| | [ʏ] | fünf |
| v | [v] | Vokal, Wort |
| | [f] | positiv |
| w | [v] | Wort |
| x | [ks] | Taxi |
| y | [yː] | Typ |
| | [ʏ] | Rhythmus |
| z | [ts] | zehn |

# Alphabetisches Wörterverzeichnis

## Informationen zur Benutzung

Das Verzeichnis enthält alle Wörter aus den Kapiteln 1–15 außer den Namen von Personen und Städten. Auch die zusätzlichen Wörter aus den Hörtexten *(Lehrbuch-Cassetten)* sind nicht in der Liste.

**Diese Informationen bietet Ihnen das Wörterverzeichnis:**

Wort    Artikel    Plural    Seite(n) im Lehrbuch, wo das Wort in einer bestimmten Bedeutung das erste Mal vorkommt

**Abend**, der, -e; 12

Wortakzent: __lang oder ˌkurz

**Fett gedruckte** Wörter gehören zur Wortliste des „Zertifikats Deutsch als Fremdsprache". Sie sind besonders häufig und wichtig für Sie.

Verben mit * sind unregelmäßig. Sie müssen sie deshalb immer mit dem Partizip II lernen. Eine alphabetische Liste der unregelmäßigen Verben aus den Kapiteln 1–15 finden Sie auf S. 127–128.

Manchmal folgt dem Wort eine Erklärung oder weitere Information in Klammern (   ):
AG (= Aktiengesellschaft, die)  ➔ der Abkürzung folgt das volle Wort mit Artikel
**am** (= an dem)  ➔ grammatische Information zur Wort-Form
**anziehen** (sich)  ➔ das Verb kann mit oder ohne das Reflexivpronomen vorkommen

---

**A**

A (= Österreich); 18
**ab**; 15, 32
**abbiegen** *; 64
**Abend**, der, -e; 12
**abends**; 25
**aber**; 7, 35
**abfahren** *; 25
**Abfahrt**, die; 69
Abfahrtszeit, die, -en; 67
abkühlen; 82
Ablauf, der, "-e; 24
Abneigung, die, -en; 35
abräumen; 85
abreißen *; 107
Absatz, der, "-e; 90
**Abschnitt**, der, -e; 104
abschreiben *; 38
**Absicht**, die, -en; 35
abstrakt; 45
Abteil, das, -e; 69
abwaschen *; 85
Abwechslung, die, -en; 74
**ach!**; 15
ach so; 10
**achten**; 22
**Achtung!**; 97
Adjektiv, das, -e; 47
**Adresse**, die, -n; 9
**Afrika**; 18
AG (= Aktiengesellschaft, die); 98
ah!; 22

äh; 10
**ähnlich**; 94
Aids, (das), -; 100
Akkusativ, der; 23
Akkusativergänzung, die, -en; 54
akut; 96
Akzent, der, -e; 10
Akzentsilbe, die, -en; 16
Akzentwort, das, "-er; 10
akzeptieren; 100
**Alkohol**, der; 100
**alle**; 7
Allee, die, -n; 108
**allein**; 27
alles; 15
Allgemeinzustand, der; 98
Alphabet, das, -e; 10
**als**; 39, 100
**also**; 14
**alt**; 15, 19
**Alter**, das; 19
altmodisch; 53
Altstadt, die; 49
Altstadtpanorama, das; 72
**am** (= an dem); 10, 15
**Amerika**; 18
**amerikanisch**; 32
**amüsieren** (sich); 109
**an**; 10
**anbieten** *; 33, 80
an Bord; 92
anbraten *; 82

ander-; 7
**ändern** (sich); 107
**anders**; 39
**Anfang**, der, "-e; 13
**anfangen** *; 92
**Angebot**, das, -e; 67
**angenehm**; 76, 80
**Angst**, die; 65
Anhalter, der, -; 106
**ankommen** *; 25
ankreuzen; 40
**Ankunft**, die; 12
**Anlage**, die; 91
anmalen; 38
**Anmeldung**, die, -en; 13
anonym; 75
**anrufen** *; 26
**anschauen**; 25
**ansehen**; 31
antik; 91
**Antwort**, die, -en; 21
**antworten**; 8
anwenden; 108
**anziehen** (sich) *; 80
**Apfel**, der, "-; 96
Apfelkuchen, der, -; 14
Apfelsaft, der; 14
Apfelshampoo, das, -s; 96
Apothekerin, die, -nen; 36
**Apparat**, der, -e; 90
**Appetit**, der; 81
**April**, der; 18
**Arbeit**, die, -en; 25

**arbeiten**; 8
**Arbeitgeber**, der, -; 98
Arbeitsblatt, das, "-er; 31
Arbeitsbuch, das, "-er; 39
Arbeitskollegin, die, -nen; 100
Arbeitstag, der, -e; 25
**arm**; 89
**Arm**, der, -e; 97
**Artikel**, der, -; 23, 25
Artikel-Wort, das, "-er; 23
**Asien**; 18
**Arzt**, der, "-e; 98
Atem, der; 96
Atlas, der, Atlanten; 38
**atmen**; 96
Atmosphäre, die; 32
Atmung, die; 98
attributiv; 47
-au (= die Au(e), -(e)n); 64
Aubergine, die, -n; 82
**auch**; 7
**auf**; 16
auf Wiederhören!; 26
auf Wiedersehen!; 33
aufbauen; 74
Aufenthaltsraum, der, "-e; 32
Aufforderung, die, -en; 11
Aufforderungssatz, der, "-e; 11
**Aufgabe**, die, -n; 31
aufhängen; 58

aufnehmen *; 38
**aufpassen**; 39
aufrecht; 97
aufschneiden *; 89
**aufstehen** *; 25
**Auftrag**, der, "-e; 35
Auftritt, der, -e; 106
**aufwachen**; 98
**Auge**, das, -n; 90
**August**, der; 18
Auktion, die, -en; 90
**aus**; 8, 50, 52
ausatmen; 96
Ausbruch, der, "-e; 91
**Ausdruck**, der, "-e; 34, 68
ausdrücken; 101
**Ausflug**, der, "-e; 27
**ausfüllen**; 13
**ausgezeichnet**; 81
Ausgrabung, die, -en; 91
**Auskunft**, die, "-e; 98
**Ausland**, das; 98
**Ausländerin**, die, -nen; 49
ausleihen *; 31
Ausruf, der, -e; 22
Ausrufezeichen, das, -; 60
Aussage, die, -n; 11
Aussagesatz, der, "-e; 11
**ausschalten**; 85
ausschneiden *; 37
**aussehen** *; 44, 99
**außen**; 76
**außer**; 80
**außerdem**; 30
äußern; 20
**Aussicht**, die; 48
Aussprache, die; 10
**aussprechen** *; 40
**aussteigen** *; 25
Ausstellung, die, -en; 15
**Australien** (= AUS); 18
auswählen; 81
**Ausweis**, der, -e; 31
**Auto**, das, -s; 25
**Autobahn**, die, -en; 67
Autounfall, der, "-e; 100

**B**
-bach (= der Bach, "-e); 64
**backen** *; 85
Bäcker, der, -; 75
**Bäckerei**, die, -en; 75
Backrohr, das, -e; 82
**Bad**, das, "-er; 48
**Bahn**, die; 66
Bahnfahrt, die, -en; 67
**Bahnhof**, der, "-e; 12
**Bahnsteig**, der, -e; 69
**bald**; 36

Ballett, das; 15
Ballon, der, -s; 21
Banonen-Wettlauf, der, "-e;
  32
Band, die, -s (engl.); 20
**Bank**, die, "-e; 38
**Bank**, die, -en; 73
**Bauch**, der, "-e; 89
Bauchschmerzen, die (Pl);
  89
**bauen**; 73
Bauernhaus, das, "-er; 49
Bauernhof, der, "-e; 56
**Baum**, der, "-e; 45
Baustelle, die, -n; 72
Bayerische Wald, der; 58
beantworten; 31
bedeuten; 100
Bedeutung, die, -en; 35
**bedienen** (sich); 80
**Bedienung**, die; 75
**Bedingung**, die, -en; 103
**beeilen**, sich; 86
Befehl, der, -e; 87
befragen; 49
Beginn, der; 21
**beginnen** *; 18
begleitend; 40
Begleiter, der, -; 93
begrenzt; 109
**begründen**; 52
Begrüßung, die, -en; 24
**behaupten**; 56
**bei**; 13, 96
**beide**; 56
beides; 34
Beilage, die, -n; 82
**beim** (= bei dem); 30
**Bein**, das, -e; 97
**Beispiel**, das, -e; 34
bejaht; 101
**bekannt**; 15
**Bekannte**, das; 104
**Bekannte**, der/die, -n; 27
**bekommen** *; 31
**benutzen**; 53
**beobachten**; 93
**bequem**; 67
**beraten** *; 31
bereichernd; 109
**Berg**, der, -e; 61
**Bericht**, der, -e; 21
**berichten**; 33
**Beruf**, der, -e; 19
berühmt; 91
bescheiden; 89
**beschreiben***; 25
Beschreibung, die, -en; 45
**besonders**; 32, 81

besprechen *; 93
Besprechung, die, -en; 26
**Besteck**, das; 85
**bestellen**; 14
Bestellung, die, -en; 85
**bestimmt**; 23, 57
**Besuch**, der, -e; 98
**besuchen**; 31
Besucher, der, -; 21
betonen; 53
betont; 29
Betonung, die, -en; 44
**Betrieb**, der, -e; 31
**Bett**, das, -en; 28
Bettdecke, die, -n; 52
bewachen; 107
bewaffnet; 107
**Bewegung**, die, -en; 63, 97
bewerten; 10
bewusst; 100
**bezahlen**; 66, 83
**Beziehung**, die, -en; 98
**Bibliothek**, die, -en; 12
**Bier**, das; 25
Big-Band, die, -s; 32
**Bild**, das, -er; 30
bilden; 63
Billard, das; 27
**billig**; 49
Binde, die, -n; 98
Bindestrich, der, -e; 60
**bis**; 16, 25, 80
bis auf; 92
**bitte**; 9, 12
blass; 52
**Blatt** , das, "-er; 21, 31, 58
**blau**; 38
blaugrau; 44
blaugrün; 42
**bleiben** *; 85, 97
**Bleistift**, der, -e; 38
**Blick**, der; 49
blind; 65
Block, der, "-e; 50
**blond**; 56
Blues, der; 20
**Blut**, das; 89
**Boden**, der, "-; 51
Boje, die, -n; 109
**Boot**, das, -e; 92
Boutique, die, -n; 73
**brasilianisch**; 92
**braten** *; 85
**Braten**, der; 83
**brauchen**; 30, 69
**braun**; 43
**brechen** (sich) *; 100
Breitengrad, der, -e; 92
**Brief**, der, -e ; 27

**bringen** *; 58
**Brot**, das; 75
**Brötchen**, das, -; 81
**Brücke**, die, -n; 58
**Bruder**, der, "-; 52
**Brust**, die; 97
**Buch**, das, "-er; 28
buchstabieren; 13
Buffet/Büfett, das, -s; 32,
  81
**Bundeshauptstadt**, die; 110
**Bundesrepublik Deutsch-
  land**, die (= BRD); 73
**Bundesstraße**, die, -n; 64
**bunt**; 43
-burg (= die Burg, -en); 64
**Büro**, das, -s; 25
bürsten; 96
**Bus**, der, -se; 15
**Butter**, die; 52

**C**
ca. (= circa); 74
**Café**, das, -s; 14
Cappuccino, der, -s; 14
**Cassette**, die, -n; 10
CD, die, -s; 22
CH (= die Schweiz); 18
Checkliste, die, -n; 98
**chic/schick**; 80
**China**; 77
Chor, der, "-e; 60
circa (= zirka); 65
City-Info, die; 16
City-Information, die; 12
**Club**, der, -s; 18
Club-Tour, die; 18
**Cola**, das/die, -s; 14
Collage, die, -n; 77
**Computer**, der, -; 51
Computerprogramm, das,
  -e; 31
Curry, der; 83
CZ (= die Tschechische
  Republik); 18

**D**
D (= Deutschland); 18
**da**; 12, 66
**da sein** *; 18, 26
**dabei sein**; 50, 83
**Dach**, das, "-er; 44
Dachboden, der, "-; 53
**dafür**; 73
daheim; 39
**dahinter**; 72
**damals**; 107
**damit**; 67
danach; 39

Dank, der; 12
danke; 12
danken; 87
dann; 12, 36, 96
darauf; 82
darin; 37
darüber; 82
das; 8, 10
dass; 31
Dativ, der; 41
Dativergänzung, die, -en;
  54
Datum, das, Daten; 21
Dauer, die; 65
dauern; 21
davor; 45
dazu; 38
dazugehören; 50
dazugießen *; 82
DDR, die (= Deutsche Demokratische Republik); 107
Decke, die, -n; 51
decken; 85
dein-; 41
Deklination, die, -en; 41
denken *; 30
denn; 16, 59
Depression, die, -en; 100
der; 12, 89
deshalb; 39
Desinfektionsmittel, das, -;
  98
deutsch; 30
Deutsch; 7
Deutschbuch, das, "-er; 38
Deutsche Demokratische
  Republik, die (= DDR); 73
Deutsche, der/die, -n; 8
Deutschkurs, der, -e; 10
Deutschland; 18
Dezember, der; 18
Dia-Vortrag, der, "-e; 32
Dialog, der, -e; 10
dicht; 73
die; 7, 12
die (Pl); 8
Diener, der, -; 93
Dienstag, der (= Di); 26
diesmal; 92
Diktat, das, -e; 31
diktieren; 101
Ding, das, -e; 74
Diphthong, der, -e; 46
direkt; 65
Disco, die, -s; 32
Discothek, die, -en; 106
diskutieren; 25
DM (= Deutsche Mark); 67
doch; 15, 17

Doktor, der; 89
Donau, die; 58
donnern; 91
Donnerstag, der (= Do); 26
Doppelpunkt, der, -e; 60
doppelt; 109
Dorf, das, "-er; 43
dort; 25
Dr. (= Doktor, der); 98
drängen (sich); 84
draußen; 44
drehen (sich); 97
Dresdner, der, -; 72
Dresdnerin, die, -nen; 74
drüben; 65
drücken; 96
du; 6
dunkel; 44
dunkelrot; 44
Duo, das, -s; 90
durch; 45, 96
Durchfall, der, "-e; 98
dürfen *; 35
duschen (sich); 25
duzen; 77

E
E (= Spanien); 18
echt; 51
eckig; 51
ehemalig; 109
Ei, das, -er; 28
eigen-; 22
eigentlich; 36
Eile, die; 73
ein-; 12
ein paar; 52
einatmen; 96
Eindruck, der, "-e ; 76
einfach; 13, 66, 96
einig-; 32
einkaufen; 27
Einkaufsstraße, die, -n; 73
Einkaufszentrum, das,
  -zentren; 73
Einkaufszettel, der, -; 83
einladen *; 27
Einladung, die, -en; 33
Einleitung, die, -en; 92
einmal; 14, 25
einpacken; 110
Einrichtung, die; 50
einrühren; 82
einsam; 92
einschalten; 85
einschlafen *; 92
einschließen *; 109
einsteigen *; 69
Eintritt, der; 21

Eintrittskarte, die, -n; 48
Einweihungsparty, die,
  -partys; 51
Einzelzimmer, das, -; 12
einzig-; 93
einzigartig; 67
Eis, das; 83
Elbe, die; 72
elegant ; 80
Elektriker, der, -; 98
Eltern, die (Pl); 107
empfehlen *; 39, 99
Ende, das; 18
endlich; 53
endlos; 44
Endung, die, -en; 11
Energie, die, -n; 100
eng; 49
England; 18
Englisch; 7
entdecken; 40
entfernt; 109
entführen; 88
entlang; 65
entlang fahren *; 107
Entschuldigung!; 9
entspannen (sich); 96
entspannt; 97
entstehen *; 72
entzündet; 98
er; 6
erbauen; 15
erbauen, sich; 88
Erdboden, der; 72
Erdgeschoss, das, -e; 53
Ereignis, das, -se; 107
erfahren *; 100
ergänzen; 10
Ergänzung, die, -en; 54
erhalten *; 91
erhitzen; 82
erinnern (sich); 107
Erinnerung, die, -en; 92
erkälten, sich; 98
erkennen *; 110
erklären; 39
Erlaubnis, die; 35
erleuchtet; 107
Erlös, der, -e; 32
Ernährung, die; 100
ernst; 33
ernten; 93
Eröffnung, die, -en; 32
erreichen; 39, 109
erschließen *; 94
erschöpft; 92
erschrecken *; 93
erst; 25, 36
Erste Hilfe, die; 98

ertrinken *; 92
erwachen; 94
erwachsen; 74
erzählen; 25
Erzähler, der, -; 90
es; 12
es geht; 20
es gibt; 12
Espresso, der, -s; 14
Essen, das, -; 26
Essig, der; 77
Etage, die, -n; 53
Etui, das, -s; 38
etwa; 12
etwas; 16
eu(e)r-; 41
Europa; 7
Europa-Tournee, die, -n; 21
exotisch; 88
explosiv; 21
Extrakt, der, -; 96

F
F (= Frankreich); 18
Fachgeschäft, das, "-e; 75
Fähigkeit, die, -en; 35
Fähre, die, -n; 58
fahren *; 64
Fahrkarte, die, -n; 66
Fahrplan, der, "-e; 69
Fahrt, die, -en; 67
fallen *; 10
falten; 32
Familie, die, -n; 8
Farbe, die, -n; 38
Farbname, der, -n; 42
Farbsymphonie, die, -n; 42
Farbwort, das, "-er; 42
fast; 46
faszinieren; 107
Februar, der; 18
Federmäppchen, das, -; 38
fehlen; 45
Fehler, der, -; 37
feiern; 32
fein; 83
Feld, das, -er; 56
Fell, das, -e; 93
feminin; 23
Fenster, das, -; 45
Ferien, die (Pl); 66
Ferienanfang, der; 66
fernsehen *; 27
Fernsehen, das; 30
fertig; 51
Fest, das, -e; 28
festliegen *; 92
fettig; 96
Fieber, das; 98

Filetsteak, das, -s; 83
FIN (= Finnland); 18
**finden** *; 16, 20
**Finger**, der, -; 96
Finnland; 22
**Fisch**, der, -e; 77
**fit**; 48
**Fleisch**, das; 75
flexibel; 67
**fliegen** *; 57
Flieger, der, -; 38
**fließen** *; 64
Floß, das, "-e; 92
flüchten; 93
Flüchtling, der, -e; 93
**Flug**, der, "-e; 65
**Flughafen**, der, "-; 69
**Flugzeug**, das, -e; 69
Flur, der, -e; 32
**Fluss**, der, "-e; 58
Folge, die, -n; 97
**folgen**; 16
folgend; 104
Folk, der; 22
Folklore, die; 22
Forelle, die, -n; 83
**Form**, die, -en; 37, 82
**Formular**, das, -e; 99
Forum, das, Foren; 91
**Foto**, das, -s; 31
**Frage**, die, -n; 11
**fragen**; 8
Fragewort, das, "-er; 84
Fragezeichen, das, -; 60
Frankreich; 18
Französisch; 7
**Frau**, die, -en; 12, 48
**frei**; 84
**Freitag**, der (= Fr); 26
**Freizeit**, die; 27
**fremd**; 12
**Fremdsprache**, die, -n; 30
Fremdwort, das, "-er; 29
**fressen** *; 89
**Freude**, die; 68
**freuen**, sich; 33, 53
**Freund**, der, -e; 25, 33
**Freundin**, die, -nen; 14
**freundlich**; 75
**frisch**; 52, 96
**fröhlich**; 32
Frucht, die,"-e; 83
Früchtereis, der; 83
**früh**; 36
**früher**; 49
früher-; 109
**Frühling**, der; 61
**Frühstück**, das; 25
**frühstücken**; 25

**fühlen** (sich); 40, 96
**führen**; 64
Füller, der, -; 38
Funktion, die, -en; 108
**für**; 12, 18
Fürsorge, die; 77
**Fuß**, der, "-e; 13, 93
**Fußball**, der; 98
Fußboden, der, "-; 52
**Fußgängerzone**, die, -n; 73
Futter, das; 75

**G**
g (= Gramm); 82
**Gabel**, die, -n; 85
**ganz**; 13, 21
**Ganze**, das; 50
**gar**; 68, 88
Gartenparty, die, -s; 80
Gasse, die, -n; 16
**Gast**, der, "-e; 32
Gastgeber, der, -; 51
Gastgeberin, die, -nen; 51
Gaukler, der, -; 88
GB (= Großbritannien); 18
**Gebäude**, das, -; 72
**geben** *; 12, 22
**Gebiet**, das, -e; 107
Gebrauch, der; 62
**Gedanke**, der, -n; 95
Gedicht, das, -e; 68
**gefährlich**; 100
**gefallen** *; 20
Gefallen, das; 20
Gefangene, der/die, -n; 93
**Gefühl**, das, -e; 100
**gegen**; 80, 84, 93
**Gegensatz**, der, "-e; 101
**Gegenstand**, der, "-e; 38
**gehen** *; 12, 20, 24, 27
**gehören**; 54, 98
**gelb**; 38
**Geld**, das; 89
**gelten** *; 67
Gemälde, das, -; 72
gemeinnützig; 32
**gemeinsam**; 33
gemischt; 83
**Gemüse**, das; 75
**genau**; 13
**genauso**; 76
**genug**; 93
Geographie, die; 91
geographisch; 64
**gerade**; 8, 97
**geradeaus**; 12
geräuchert; 83
Geräusch, das, -e; 61
Geräuschemacher, der, -; 90

**Gericht**, das, -e; 83
**gern(e)**; 12, 20
**Geschäft**, das, -e; 50
**geschehen** *; 72
**Geschichte**, die, -n; 61
Geschirrspülmaschine, die, -n; 50
**Gesicht**, das, -er; 96
**Gespräch**, das, -e; 57
Gesprächsklima, das; 98
gestalten; 91
Gestaltung, die; 91
**gestern**; 84
gestreift; 44
gestresst; 100
**gesund**; 48
**Gesundheit**, die; 96
Gesundheitsmagazin, das, -e; 96
**Getränk**, das, -e; 14
**Getreide**, das, -; 92
gewaltig; 92
Gewehr, das, -e; 92
**Gewicht**, das; 98
Gewinnausgabe, die; 32
**Gewitter**, das, -; 57
gewöhnlich; 104
gießen *; 82
gigantisch; 110
**Gitarre**, die, -n; 32
Glanz, der; 96
**Glas**, das, "-er; 25, 90
**glauben**; 51, 72
**gleich**; 12, 28
**gleichfalls**; 81
gleichzeitig; 104
**Glück**, das; 60, 100
Gospel, das/der, -s; 32
**Gott**, der, "-er; 21
**Grad**, der, -; 99
Graduierung, die; 78
Graffito, das, Graffiti; 73
**Grammatik**, die, -en; 10, 31
grammatisch; 37
**Gras**, das, "-er; 61
**gratulieren**; 51
**grau**; 43
graubraun; 44
**Grenze**, die, -n; 57
Grenzmauer, die, -n; 107
Grenzstreifen, der, -; 107
Grenzweg, der, -e; 110
**griechisch**; 81
Grill, der, -s; 83
**Grippe**, die; 98
**groß**; 31, 37
großartig; 48
**Großbritannien**; 7

Großkaufhalle, die, -n; 75
**Großstadt**, die, "-e; 73
Grüezi!; 6
**grün**; 42
grünblau; 42
**Grund**, der, "-e; 36
gründlich; 96
Grundstufe, die; 31
grüngelb; 45
grünlich; 52
**Gruppe**, die, -n; 30
Gruppenarbeit, die, -en; 37
**Gruß**, der, "-e; 67
gucken; 74
**günstig**; 67
Gurke, die, -n; 82
**gut**; 6, 12, 32
Guten Abend!; 12
Gute Nacht!; 24
Guten Appetit!; 81
Guten Morgen!; 24
Guten Tag!; 6
Gymnastik, die; 97

**H**
H (= Ungarn); 18
**Haar**, das, -e; 96
**haben**; 13
haha!; 48
**halb**; 24
halbblau; 10
**Hälfte**, die, -n; 97
**Halle**, die, -n; 15
**hallo!**; 10, 80
**Hals**, der, "-e; 96
**halten** * (sich); 77
**Hand**, die, "-e; 93
Händler, der, -; 74
Handlung, die, -en; 21
Handschrift, die, -en; 109
**Handtuch**, das, "-er; 52
Hängematte, die, -n; 92
**hängen** *; 58
harmonisch; 45
**hässlich**; 45
**häufig**; 98
Hauptakzent, der, -e; 101
**Hauptbahnhof**, der (= Hbf.), "-e; 13
**Hauptkirche**, die, -n; 15
**Hauptsatz**, der, "-e; 95
**Hauptspeise**, die, -n; 83
**Hauptstadt**, die, "-e; 7
**Hauptstraße**, die, -n; 16
**Haus**, das, "-er; 15
**Haushalt**, der, -e; 75
**Haut**, die; 94
he!; 65
**Heft**, das, -e; 28

Heimat, die; 109
heiß; 14
heißen *; 8, 56
heizen; 48
helfen *; 31
hell; 45
hellgelb; 45
her; 109
herbeilaufen *; 88
Herbst, der; 61
Herd, der, -e; 50
Herr; der, -en; 26
herrichten; 82
herrlich; 43, 81
herrschen; 73
herum; 101
Herz, das; 98
herzlich; 67
heute; 21
hier; 13, 26
Hilfe, die, -n; 31
Himbeere, die, -n; 84
Himmel, der; 43
hin (und zurück); 58
hinein; 53
hinreiten *; 59
hinten; 16
hinter; 57
Hintergrund, der; 91
hinüber; 92
historisch; 107
HIV-positiv; 100
hm!; 50, 83
Hobby, das, -s; 56
hoch; 16
Hochhaus, das, "-er; 49
hoffen; 94
Höhe, die; 48
Höhepunkt, der, -e; 93
holen; 92
Holländerin, die, -nen; 14
Holz, das; 51
Holzpfahl, der, "-e; 93
Honig, der; 74
hören; 6
Hotel, das, -s ; 12
Hotelzimmer, das, -; 12
Hügel, der, -; 45
Huhn, das, "-er; 83
Hund, der, -e; 92
Hunger, der; 14
hurra!; 22
Hut, der, "-e; 66

I
i!; 22
IC, der (= Intercity); 66
ich; 6
Idee, die, -n; 59

identifizieren; 57
igitt!; 22
ihr; 17
ihr-; 30
ihr- (Pl); 32
Ihr-; 9
im (= in dem); 7
Imker, der, -; 75
Imkerei, die, -en; 74
immer; 18
Imperativ, der, -e; 11
in; 7
individuell; 31
Industriekomplex, der, -e;
   110
Information, die, -en; 7, 12
informieren; 23
Inhalt, der, -e; 57, 98
Inhaltsangabe, die, -n; 92
innen; 76
inner-; 100
inoffiziell; 24
ins (= in das); 15
Insel, die, -n; 92
Institut, das, -e; 30
Instrument, das, -e; 19
instrumental; 40
inszenieren; 93
interessant; 15
Interesse, das, -n; 104
interessieren (sich); 32, 90
international; 32
Interpunktion, die; 60
Interview, das, -s; 18
irgendwie; 98
Irland; 43
isoliert; 48
Italien; 7
italienisch; 36
Italienisch; 33

J
ja; 12
Jahr, das, -e; 19
Jahrhundert, das, -e; 90
Januar, der; 18
Japan; 8
Japanisch; 8
Jazz, der; 20
Jazz-Band, die; 20
je; 44, 83
jede-; 30
jemand; 27
jetzt; 14
Job, der, -s; 106
Jog(h)urt, das/der, -s; 77
Jugendliche, der/die; -n;
   109
Juli, der; 18

jung; 49
Junge, der, -n; 57
Jungenname, der, -n; 57
Juni, der; 18

K
Kaffee, der; 14
Kalbsbraten, der; 83
Kalender, der, -; 19
kalt; 14
Kamin, der, -e; 53
Kannibale, der, -n; 93
Kanu, das, -s; 93
Kapitän, der, -e; 93
Kapitel, das, -; 104
kaputt; 100
Karte, die, -n; 14, 16, 21
Kartoffelkroketten, die (Pl);
   83
Kartoffelsalat, der, -e; 81
Käse, der; 14
Käse-Sandwich, das, -(e)s;
   14
Käsekuchen, der, -; 14
Kasus-Signal, das, -e; 70
Katastrophe, die, -n; 91
Katze, die, -n; 75
kaufen; 50
Kaufhalle, die, -n; 75
kaum; 36
Kausalsatz, der, "-e; 95
kein-; 27
Keller, der, -; 48
kennen (sich) *; 33, 56
kennen lernen; 72
Kerl, der, -e; 89
kg (= Kilogramm); 82
Kilometer (= km), der, -; 64
Kind, das, -er; 49
Kino, das, -s; 15
Kirche, die, -n; 15
Kissen, das, -; 52
Klammer, die, -n; 29
Klang, der, "-e; 42
klar; 65, 92
Klasse, die, -n; 31, 66
Klassenzimmer, das, -; 38
Klassik, die; 20
Klavier, das, -e; 20
kleben; 37
Kleider, die (Pl); 32
Kleiderfarbe, die, -n; 42
klein; 14, 107
klingeln; 25
klingen; 48
Klinik, die, -en; 100
Klippe, die, -n; 92
klopfen; 16
Klotz, der, "-e; 110

km (= der Kilometer); 67
Knie, das, -; 97
Knoblauch, der; 83
Knoblauchrahmsuppe, die,
   -n; 83
Knochen, der, -; 93
Knödel, der, -; 89
Knödelfresser, der, -; 89
kochen; 27
kochend; 82
Kollege, der, -n; 34
Kollegin, die, -nen; 34
kombinieren; 34
komfortabel; 49
komisch; 45
Komma, das, Kommata; 60
kommen *; 8
Kommentar, der, -e; 45
Komparativ, der, -e; 78
komplett; 49
Komplex, der, -e; 110
Komposition, die, -en; 45
Kompositum, das, Kompo-
   sita; 53
Konditionalsatz, der, "-e;
   103
Konferenz, die, -en; 25
Konjunktion, die, -en; 95
können *; 31
Konsonant, der, -en; 29
Konsonantenverbindung,
   die -en; 101
konstruieren; 37
Kontakt, der, -e; 75
Kontrast, der, -e; 43
kontrollieren; 75
konzentrieren, sich; 96
Konzert, das, -e; 15
Kopf, der, "-e; 56
Kopfkissen, das, -; 52
Kopfstand, der, "-e; 101
Kopfweh, das; 100
Körper, der, -; 96
Körperteil, der, -e; 96
korrekt; 37
Korrespondenz, die, -en;
   26
korrigieren; 10
Kostbarkeit, die, -en; 90
kosten; 12, 106
Kotelett, das, -s; 83
Kraft, die, "-e; 96
krank; 98
Krankenhaus, das, "-er; 100
Krankheit, die, -en; 98
Kräuterextrakt, der, -e; 96
Kräutershampoo, das, -s;
   96
Kreide, die, -n; 38

**N**

N (= Norwegen); 18
n. Chr. (= nach Christus); 91
na!; 65
nach; 18, 24, 92
nach Hause; 25
Nachbar, der, -n; 48
Nachmittag, der, -e; 24
nachmittags; 31
Nachname, der, -n; 8
Nachspeise, die, -n; 83
nachsprechen *; 16
nächst-; 66, 92
Nacht, die, "-e; 24
Nachteil, der, -e; 49
Nachtisch, der, -e; 84
nachts; 107
Nacken, der, -; 97
nahe; 92
Nähe, die; 75
Name, der, -n; 8
nämlich; 48
nanu!; 22
Narretei, die, -en; 88
Nase, die, -n; 96
nass; 96
Nationalität, die, -en; 8
Natur, die; 61
Naturkatastrophe, die, -n; 91
natürlich; 20, 96
Nazi, der, -s (= National-sozialist, -en); 15
neben; 71
Nebensatz, der, "-e; 94
negativ; 17
nehmen *; 12
nein; 13
nennen (sich) *; 45, 90
Nepal; 32
nervös; 84
Nervosität, die; 96
nett; 76
neu; 23
Neubauviertel, das, -; 49
Neubeginn, der; 110
Neustadt, die; 72
Neutrum, das, Neutra; 23
nicht; 8
nichts; 51
nie; 19
Niederbayern; 56
niedrig; 53
niemand; 89
Nigeria; 33
NL (= die Niederlande; Pl); 18
noch; 25

Nominativ, der; 23
Norddeutschland; 49
Norden, der; 7
Nordsee, die; 44
normal; 96
normalerweise; 25
Not, die; 101
notieren; 10
nötig; 80
Notiz, die, -en; 19
Notwendigkeit, die, -en; 35
November, der; 18
Nr. (= die Nummer); 21
Nudelblatt, das, "-er; 82
Nudeln, die (Pl); 77
Null-Artikel, der; 23
Nummer, die, -n; 13
nun; 109
nur; 17
Nusstorte, die, -n; 14
nützlich; 94

**O**

o ja!; 15
oben; 38
Ober, der, -; 85
Oberlippe, die; 96
Oberstufe, die; 31
Obst, das; 75
oder; 14
Ofen, der, "-; 84
offen; 100, 107
öffentlich; 106
offiziell; 24
öffnen; 68, 96
Öffnung, die, -en; 109
oft; 19
oh!; 22
ohne; 10
Ohr, das, -en; 96
oje!; 22
O.K. (= Okay); 15
Oktober, der; 18
Öl, das, -e; 77
oliv; 43
Open Air, das, -s; 18
Oper, die, -n; 15
Operation, die, -en; 100
Opernhaus, das, "-er; 15
orange; 46
Ordner, der, -; 38
Ordnung, die; 80
Organisation, die, -en; 32
Orgelbauer, der, -; 90
Orientierung, die; 12
Original, das, -e; 90
Originalbild, das, -er; 90
originell; 50
Orkan, der, -e; 92

Ort, der, -e; 12
Ortsname, der, -n; 64
Ost und West; 107
Osten, der; 7
Österreich; 7
Österreicherin, die, -nen; 8
Osteuropa; 107
Ostler, der, -; 109

**P**

P (= Portugal); 18
Panorama, das, Panora-men; 72
Pantomime, die, -n; 89
Papier, das, -e; 32
Paradestraße, die, -n; 108
Parterre, das; 53
Partizip, das; 62
Partner, der, -; 9
Partnerarbeit, die, -en; 37
Partnerin, die, -nen; 9
Party, die, -s; 51
passen; 22
passend; 61
passieren; 25
Patient, der, -en; 98
Pause, die, -n; 10
per; 106
Perfekt, das; 62
Person, die, -en; 7
Personalpronomen, das, -; 17
persönlich; 75, 96
Petersilie, die; 83
Pfahl, der, "-e; 93
Pfanne, die, -n; 85
Pfeffer, der; 77
Pfeil, der, -e; 28
Pferd, das, -e; 56
Pflanzenöl, das, -e; 96
Pflaster, das, -; 98
pflegen (sich); 96
phantastisch; 49
Pille, die -n; 100
Pizza, die, -s/Pizzen; 14
Pizzeria, die, -s/Pizzerien; 94
PL (= Polen); 18
Plan, der, "-e; 15
planen; 25
Planung, die, -en; 26
Plastik, das; 50
Platte, die, -n; 22, 82
Platz, der, "-e; 13, 50, 99
platzen; 89
Platzkarte, die, -n; 66
plötzlich; 59
Plural, der, -e; 29
Poesie, die; 90

Polen; 8
Politik, die; 25
politisch; 107
Polnisch; 8
Portion, die, -en; 33
Porträt, das, -s; 52
Position, die, -en; 70, 103
Positiv, der; 78
positiv; 17
Possessivartikel, der, -; 41
Post, die; 12
Poster, das, -; 51
Postkarte, die, -n; 32
prädikativ; 47
Präfix, das, -e; 29
praktisch; 49, 96
Präposition, die, -en; 30
Präsens, das; 17
Präsentation, die, -en; 26
Präteritum, das; 79
Präteritum-Signal, das, -e; 79
Praxis, die, Praxen; 99
Preis, der, -e; 32, 50
preiswert; 50
prima; 81
primitiv; 45
pro; 48
probieren; 81
Problem, das, -e; 31
Produkt, das, -e; 96
Programm, das, -e; 31, 32
Projekt, das, -e; 26
Projektionsapparat, der, -e; 90
Projektor, der, -en; 38
projizieren; 90
Pronomen, das, -; 54
Prospekt, der, -e; 15
Prost!; 81
Protokoll, das, -e; 27
Pudding, der, -e; 84
Pult, das, -e; 38
Punkt, der, -e; 60, 96
putzen; 85

**Q**

Quadratmeter (m², qm), der, -; 48
Qualität, die, -en; 49, 101
quer; 67

**R**

Radiergummi, der, -s; 38
Radio, das, -; 30
Rahmsauce, die, -n; 83
Rand, der, "-er; 49
Rat, der; 35
raten; 51

Rathaus, das, ¨-er; 16
rauchen; 89, 91
rauf; 48
Raum, der, ¨-e; 32
Raumwort, das, ¨-er; 44
real; 103
Rechnung, die, -en; 83
recht; 99
rechts; 12
Recorder, der, -; 38
Redaktion, die, -en; 96
Redaktionskonferenz, die,
  -en; 25
reden; 58
reduziert; 66
Referenz, die; 11
Reflexivpronomen, das, -;
  86
Regal, das, -e; 50
Regel, die, -n; 77
regelmäßig; 36, 62
Regen, der; 32
Region, die, -en; 49
regnen; 57
reiben *; 82
Reichstag, der; 108
Reihe, die, -n; 42
rein; 83, 96
Reis, der; 77
Reise, die, -n; 29
Reiseapotheke, die, -n; 98
Reisebüro, das, -s; 69
Reisemöglichkeit, die, -en;
  67
reisen; 19
Reiseweg, der, -e; 58
reiten *; 56
renoviert; 49
Reportage, die, -n; 33
reservieren; 12
Reservierung, die, -en; 66
Rest, der, -e; 72
Restaurant, das, -s; 27
restauriert; 72
retten; 67, 92
Rettungsboot, das, -e; 92
Rezept, das, -e; 82
Rhythmus, der, Rhythmen;
  16
richtig; 49
Richtung, die, -en; 13
Riesentraum, der, ¨-e; 59
riesig; 48
Ritt, der, -e; 59
Rock-Musik, die; 19
Rock-Musiker, der, -; 19
rollen; 89
rosa; 38
rot; 42

rotbraun; 43
rüber; 65
Rücken, der, -; 97
Rückenschmerzen, die (Pl);
  97
Rückfahrkarte, die, -n; 66
Rückfrage, die, -n; 16
rudern; 92
Ruhe, die; 70, 81
ruhig; 49, 84, 92
rühren; 82
Ruine, die, -n; 72
Ruinenstadt, die, ¨-e; 91
Rum, der; 92
rund; 51, 96
Rundflug, der, ¨-e; 65
runter; 48

**S**
S (= Schweden); 18
S. (= die Seite); 59
Sache, die, -en; 54, 81
Sachertorte, die, -n; 14
sachlich; 84
Sachsen; 74
Sächsisch; 74
Sachverhalt, der, -e; 95
säen; 93
Saft, der, ¨-e; 75
sagen; 6
Sahne, die; 83
Saison, die, -s; 83
Salami, die, -s; 14
Salami-Sandwich, das,
  -(e)s; 14
Salat, der, -e; 14
Salat-Sandwich, das, -(e)s;
  14
Salatteller, der, -; 83
Salbe, die, -n; 98
Salz, das; 77
salzig; 84
sammeln; 8
Sampler, der, -; 19
Sampling, das; 20
Samstag, der (= Sa); 26
Sand, der; 44
Sandbank, die, ¨-e; 92
Sandwich, das, -(e)s; 14
sanft; 96
Sänger, der, -; 19
Sängerin, die, -nen; 22
satt; 81
Satz, der, ¨-e; 10
Satzakzent, der, -e; 34
Satzende, das, -n; 10
Satzfrage, die, -n; 16
Satzgefüge, das, -; 94
Satzklammer, die, -n; 29

Satzzeichen, das, -; 60
Sauce, die, -n; 83
Säule, die, -n; 108
Sax-Spiel, das; 106
Saxophon, das, -e; 106
schade!; 22
Schädel, der, -; 93
schaffen; 67
Schaffner, der, -; 69
schälen; 82
scharlachrot; 52
schauen; 6, 13
Scheibe, die, -n; 82
scheinen *; 57
Schere, die, -n; 38
schießen *; 93
Schiff, das, -e; 65
Schiffshund, der, -e; 92
Schinken, der, -; 14
Schinken-Sandwich, das,
  -(e)s; 14
Schirm, der, -e; 93
Schlaf, der; 98
schlafen *; 27
Schlafsack, der, ¨-e; 58
Schlafzimmer, das, -; 48
Schlagzeug, das, -e; 19
schlecht; 20, 89
schließen *; 46
schlimm; 99
Schloss, das, ¨-er; 72
schlucken; 100
Schluss, der; 37
schmal; 53
schmecken; 75
Schmerz, der, -en; 89
Schmerztablette, die, -n; 98
Schmuck, der; 32
Schnappschuss, der, ¨-e;
  110
Schnee, der; 61
schneiden *; 82
Schneidermeister, der, -; 89
schnell; 36
Schnitt, der, -e; 93
Schnitzel, das, -; 83
Schock, der, -s; 100
Schokolade, die, -n; 77
schon; 21, 26
schön; 42
Schornstein, der, -e; 53
schräg; 45
Schrank, der, ¨-e; 50
schrecklich; 51, 100
schreiben *; 10
Schriftsteller, der, -; 72
Schule, die, -n; 25
Schüler, der, -; 32
Schülerin, die, -nen; 32

Schultasche, die, -n; 38
Schüssel, die, -n; 85
schütteln; 56
schützen; 96
Schwäche, die, -n; 100
Schwamm, der, ¨-e; 38
schwarz; 43
schwarzgrün; 43
Schwede, der, -n; 10
Schwedisch; 7
Schweiz, die; 7
Schweizer, der, -; 8
Schweizerdeutsch, das; 7
Schweizerin, die, -nen; 49
schwer; 30
schwimmen *; 27
See, der, -n; 61
Segel, das, -; 92
segeln; 27
sehen *; 28
Sehenswürdigkeit, die, -en;
  108
sehr; 13
Seife, die, -n; 96
sein; 7, 89
Sein, das; 100
sein-; 30
seit; 21, 49
Seite, die, -n; 59, 82
Sekunde, die, -n; 24
selbst; 39
Selbstgespräch, das, -e; 57
selten; 94
Seminar, das, -e; 26
Sensation, die, -en; 109
sensationell; 67
September, der; 18
Serviette, die, -n; 85
Servus!; 6
Sessel, der, -; 51
setzen (sich); 93, 97
Shampoo, das, -s; 96
Show, die, -s; 15
sich; 32
sicher; 50
Sicht, die; 58
sie; 6
sie (Pl); 9
Sie ; 6
Sieb, das, -e; 82
Siedlung, die, -en; 49
Siegessäule, die, -n; 108
Siena; 43
siezen; 77
Signal, das, -e; 70
Silbe, die, -n ; 16
Silhouette, die, -n; 72
singen *; 21
Singular, der; 23

Sinn, der; 37
Situation, die, -en; 36
Situativergänzung, die, -en; 54
sitzen *; 14
Sitzplatz, der, "-e; 66
Sklave, der, -n; 92
Skulptur, die, -en ; 91
so; 20, 25
so oft; 67
so viel; 67
Sofa, das, -s; 51
sofort; 31
Soldat, der, -en; 107
sollen *; 35
Solo, das, -s; 106
Sommer, der, -; 48
Sommerfest, das, -e; 32
sondern; 82
Sonderpreis, der, -e; 67
Sonne, die, -n; 57
Sonntag, der (= So); 26
sonst; 37, 89
Sorge, die, -n; 77
sorgen; 77
Soße, die, -n; 82
Sowjetunion, die; 107
sozial; 98
Soziale, das; 98
sozialistisch; 73
sozusagen; 108
Spag(h)etti, die (Pl); 27
Spanien; 9
Spanisch; 7
sparen; 89
Sparpreis, der, -e; 66
Spaß, der, "-e; 36, 90
spät; 24, 25
später; 25
Speise, die, -n; 14
Speisewagen, der, -; 69
spenden; 32
Spezialität, die, -en; 32
speziell; 31
Spiegel, der, -; 52
Spiel, das, -e; 30, 88, 106
spielen; 10, 51
Spieler, der, -; 89
Spinatspätzle, die (Pl); 83
Spirale, die, -n; 61
spitze/Spitze!; 20
Sport, der; 15
Sportunfall, der, "-e; 98
Sprache, die, -n; 6
Sprachkurs, der, -e; 30
sprachlich; 104
Sprechausdruck, der; 68
sprechen *; 6
Sprechmelodie, die; 10

Sprechpause, die, -n; 60
Sprechzimmer, das, -; 99
springen *; 92
spritzen; 89
Spülbecken, das, -; 50
spülen; 85
Spur, die, -en; 93
spüren; 94
Staat, der, -en; 28
Staatsgebiet, das, -e; 107
Stadt, die, "-e; 6
Stadtanlage, die; 91
Stadtbibliothek, die, -en; 12
Stadtblatt, das, "-er; 21
Stadtmensch, der, -en; 49
Stadtplan, der, "-e; 13
Stadtplatz, der, "-e; 16
Stadtrand, der; 49
Stadtrundfahrt, die, -en; 15
Stadtzentrum, das,
    Stadtzentren; 49
Stamm, der, "-e; 11
Stand, der, "-e; 74
stark; 56
starten; 57
Stau, der, -s; 67
staunen; 109
Steak, das, -s; 83
stecken; 94
stehen *; 44, 57
steigen *; 16, 57
Stein, der, -e; 72
Stelle, die, -n; 82
stellen; 21, 45
Stellung, die; 54
sterben; 100
Stift, der, -e; 38
Stil, der, -e; 22
Stimme, die, -n; 42
stimmen; 48
Stock, der; 48
Stockwerk, das, -e; 49
Stoff, der, -e; 110
stoppen; 69
stoßen *; 84
Strand, der, "-e; 44
Straße, die, -n; 13
Straßenbahn, die, -en; 16
Straßentheater, das, -; 90
Strecke, die, -n; 67
Streichquartett, das, -e; 32
Streifen, der, -; 107
streng; 107
Stress, der; 96
streuen; 82
Strichpunkt, der, -e; 60
Stück, das, -e; 50
Student, der, -en; 31
Studentin, die, -nen; 31

studieren; 14
Studierende, der/die, -n; 31
Stufe, die, -n; 48
Stuhl, der, "-e; 38
Stunde, die, -n; 21
stundenlang; 44
Sturm, der, "-e; 92
Subjekt, das, -e; 11
Substantiv, das, -e; 23
Substantiv-Gruppe, die, -n; 102
suchen; 12
süchtig; 100
Südamerika; 92
Süden, der; 7
super; 20
Superlativ, der, -e; 78
Supermarkt, der, "-e; 75
Suppe, die, -n; 60
Suppentopf, der, "-e; 83
süß; 84
Symbol, das, -e; 72
sympathisch; 50
Symphonie, die, -n; 42
Synagoge, die, -n; 15
Szene, die, -n; 99

T
Tabak, der; 100
Tablette, die, -n; 98
Tafel, die, -n; 38
Tag, der, -e; 6, 93
Tag!; 10
Tagesablauf, der; 24
Tageskarte, die; 83
Tagessuppe, die; 83
Tageszeit, die, -en; 24
Tante-Emma-Laden, der, "-; 75
Tanz, der, "-e; 32
tanzen; 32
Tanzmusik, die; 32
Tanzwettbewerb, der, -e; 32
Tasche, die, -n; 38
Tasse, die, -n; 85
Taxi, das, -s; 101
Technik, die, -en; 37
Tee, der, -s; 14
Teil, der, -e; 34
teilen; 109
teilnehmen *; 33
Teilnehmer, der, -; 37
teils - teils; 72
Teilung, die, -en; 109
Tel. (= das Telefon); 21
Telefon, das, -e; 26
Telefongespräch, das, -e; 67

telefonieren; 25
Teller, der, -; 83
Tempel, der, -; 91
temporal; 40
Teppich, der, -e; 51
Termin, der, -e; 19
Terminkalender, der, -; 19
Terrasse, die, -n; 48
testen; 39
teuer; 50
Text, der, -e; 8
Textwiedergabe, die, -n; 32
Thailand; 32
thailändisch; 32
Theater, das, -; 15, 90
Thema, das, Themen; 25
thematisch; 104
Therapie, die, -n; 100
Thermen, die (Pl); 91
Thunfisch, der, -e; 83
Ticket, das, -s; 67
tief; 16, 96
Tiergarten, der, "-; 108
Tinte, die, -n; 92
Tipp, der, -s; 38
Tiramisu, das, -s; 84
Tisch, der, -e; 38
Titel, der, -; 68
tja!; 51
Toast, der, -e/s; 28
toben; 92
Tod, der, -e; 93
todmüde; 92
Toilette, die, -n; 51
toll; 20
Tomate, die, -n; 28
Tombola, die, -s; 32
Topf, der, "-e; 83
Tor, das, -e; 108
Torte, die, -n; 14
töten; 93
Tour, die, -en; 18
Tourist, der, -en; 48
Tournee, die, -n; 18
tragen *; 32
Training, das; 96
Traum, der, "-e ; 53
träumen; 33, 58
Traumtag, der, -e; 28
Traumwohnung, die, -en; 53
traurig; 33
treffen (sich) *; 21, 25, 74
trennbar; 29
Treppe, die, -n; 48
Trick, der, -s; 96
trinken *; 25, 89
trocken; 96
Tropfen, die (Pl); 100

Tschechien; 64
tschechisch; 57
Tschechisch; 7
Tschechische Republik, die; 57
Tschechoslowakei, die; 107
tschüs!; 33
tun *; 39
Tür, die, -en; 51
Türkei, die; 8
Türkin, die, -nen; 8
türkis; 42
Türkisch; 7
Turm, der, "-e; 44
Turmwächter, der, -; 48
Turmwohnung, die, -en; 48
Typ, der, -en; 40
typisch; 43

U
U-Bahn, die, -n; 15
üben; 10
über; 20, 64
überall; 43
überbacken *; 83
überhaupt; 51
überholen; 69, 81
überleben; 94
überlegen; 15
überprüfen; 48
Überschrift, die, -en; 69
übersetzen; 61
Übersicht, die, -en; 86
übrigens; 75
Übung, die, -en; 31, 97
Übungsbuch, das, "-er; 31
Ufer, das, -; 92
Uhr; 21
Uhr, die, -en; 24
um; 25, 28
Umgangsformen, die (Pl); 77
Umgebung, die; 75
umschauen, sich; 74
umsteigen *; 67
unbekannt; 23, 94
unbestimmt; 23
und; 6
Unfall, der, -e; 98
Ungarn; 107
ungeduldig; 84
ungefähr; 49
Unglück, das, -e; 92
Unordnung, die; 51
unregelmäßig; 62
unser-; 38
Unsinn, der; 88
unten; 43
unter; 65, 92

unterhalten (sich) *; 32, 93
Unterricht, der; 30
unterscheiden *; 68
unterschiedlich; 44
unterwegs; 19
unwichtig; 34
uralt; 49
Ursache, die, -n; 95, 98

V
variieren; 14
Vater, der, "-; 100
vegetarisch; 81
Ventilator, der, -en; 51
Verabschiedung, die; 24
verändern (sich); 73
Veränderung, die, -en; 107
Veranstaltung, die, -en; 106
Verb, das, -en; 11
Verbandsmaterial, das, -ien; 98
verbessern; 34
verbinden*; 72
Verbindung, die, -en; 101
Verbot, das, -e; 35
Verbstamm, der, "-e; 40
Verdauung, die; 98
vereinfacht; 92
Vereinigung, die, -en; 73
verfolgen; 93
Verfolger, der, -; 93
vergehen *; 110
vergessen *; 85
Vergleich, der, -e; 78
vergleichen *; 10
verhüllen; 111
Verhüllung, die, -en; 110
Verkauf, der, "-e; 32
verkaufen; 33
Verkäufer, der, -; 50
Verkehr, der; 73
verlassen *; 93
verlieren *; 69, 100
vermuten; 48
vermutlich; 48
Vermutung, die, -en; 48
verschieden; 7
verschütten; 91
verschwinden *; 72
Versicherung, die, -en; 73
verstauchen; 100
verstehen (sich) *; 20, 33
Verstopfung, die, -en; 98
versuchen; 30, 81
Verwaltungszentrale, die, -n; 110
verwenden; 84
Video, das, -s; 31

Video-Recorder, der, -; 38
viel; 12
viele; 15
vielen Dank!; 12
vielleicht; 48
Viertel; 24
Viertel, das, -; 49
Villa, die, Villen; 45
violett; 43
Violett, das; 52
Vogel, der, "-; 68
Vokal, der, -e; 22
Volksmusik, die; 20
voll; 19
völlig; 73
vom (= von dem); 13
von; 7, 15, 34
vor; 24, 70
vor allem; 75
vorbeigehen *; 96
vorbereiten; 26
vorlesen *; 53
Vorliebe, die, -n; 35
Vormittag, der, -e; 24
Vorname, der, -n; 8
vorn(e); 16
Vorschlag, der, "-e; 67
vorschlagen; 74
Vorsicht!; 89
Vorsicht, die; 89
Vorspeise, die, -n; 83
vorstellen; 9, 61
Vorteil, der, -e; 49
Vortrag, der, "-e; 32
Vulkan, der, -e; 91

W
wachsend; 109
Wächter, der, -; 48
Wachturm, der, "-e; 107
wählen; 61, 83
wahr; 48
wahrscheinlich; 48
Wald, der, "-er; 58
Wand, die, "-e; 51
Wandel, der; 72
wandern; 27
Wanderung, die, -en; 68
Wandtafel, die, -n; 38
wann; 18
Ware, die, -n; 75
warten; 33
Wartezimmer, das, -; 99
warum; 30
was für; 74
was; 6, 9
Waschbecken, das, -; 52
waschen (sich); 96
Waschtisch, der, -e; 52

Wasser, das; 14, 46
WC, das, -s; 48
wechseln; 57
Wechselpräposition, die, -en; 70
Wecker, der, -; 25
weg; 21
weg sein *; 109
Weg, der, -e; 12
Wegbeschreibung, die, -en; 64
weggehen *; 25
weh tun; 89
wehen; 57
weil; 89
Wein, der, -e; 25
weiß; 44
Weißwein, der, -e; 87
weit; 13, 44
weiter; 18
weiter-; 94
weiterfahren *; 69
welch-; 7
Welle, die, -n; 92
Welt, die, -en; 100
weltberühmt; 92
Weltkrieg, der, -e; 109
Welttournee, die, -n; 18
wenig; 21
wenige; 44
wenn; 96
wer; 7
werden *; 48, 89
werfen (sich) *; 92, 93
Werkzeug, das, -e; 92
West und Ost; 107
Westen, der; 7
Westler, der, -; 109
Wettbewerb, der, -e; 32
Wetter, das; 57
Wettlauf, der, "-e; 32
wichtig; 30
wie; 21
wie?; 8
wie bitte?; 16
wie geht's?; 24
wie lange?; 18
wie spät?; 24
wieder; 36
wieder erkennen *; 104
Wiedergabe, die, -n; 32
wiederholen; 39
Wiederholung, die, -en; 104
Wiederholungskapitel, das, -; 104
wiehern; 56
Wiese, die, -n; 58
wild; 92

# Alphabetische Liste der unregelmäßigen Verben in Kapitel 1–15

| Infinitiv | 3. Person Singular Perfekt (hat/ist + Partizip II) | Infinitiv | 3. Person Singular Perfekt (hat/ist + Partizip II) |
|---|---|---|---|
| abbiegen | ist abgebogen | aufstehen | ist aufgestanden |
| abfahren | ist abgefahren | ausleihen | hat ausgeliehen |
| abreißen | hat/ist abgerissen | ausschneiden | hat ausgeschnitten |
| abschreiben | hat abgeschrieben | aussehen | hat ausgesehen |
| abwaschen | hat abgewaschen | aussprechen | hat ausgesprochen |
| anbieten | hat angeboten | aussteigen | ist ausgestiegen |
| anbraten | hat angebraten | backen | hat gebacken |
| anfangen | hat angefangen | beginnen | hat begonnen |
| ankommen | ist angekommen | bekommen | hat bekommen |
| anrufen | hat angerufen | beraten | hat beraten |
| ansehen | hat angesehen | beschreiben | hat beschrieben |
| anziehen (sich) | hat (sich) angezogen | besprechen | hat besprochen |
| aufnehmen | hat aufgenommen | bleiben | ist geblieben |
| aufschneiden | hat aufgeschnitten | braten | hat gebraten |

| Infinitiv | 3. Person Singular Perfekt (hat/ist + Partizip II) | Infinitiv | 3. Person Singular Perfekt (hat/ist + Partizip II) |
|---|---|---|---|
| brechen | hat gebrochen | müssen | hat gemusst |
| bringen | hat gebracht | nachsprechen | hat nachgesprochen |
| dazugießen | hat dazugegossen | nehmen | hat genommen |
| denken | hat gedacht | nennen (sich) | hat (sich) genannt |
| dürfen | hat gedurft | reiben | hat gerieben |
| einladen | hat eingeladen | reiten | ist geritten |
| einschlafen | ist eingeschlafen | scheinen | hat geschienen |
| einschließen | hat eingeschlossen | schießen | hat geschossen |
| einsteigen | ist eingestiegen | schlafen | hat geschlafen |
| empfehlen | hat empfohlen | schließen | hat geschlossen |
| entlangfahren | ist entlanggefahren | schneiden | hat geschnitten |
| entstehen | ist entstanden | schreiben | hat geschrieben |
| erfahren | hat erfahren | schwimmen | hat/ist geschwommen |
| erhalten | hat erhalten | sehen | hat gesehen |
| erkennen | hat erkannt | sein | ist gewesen |
| erschließen | hat erschlossen | singen | hat gesungen |
| erschrecken | ist erschrocken | sitzen | hat gesessen |
| ertrinken | ist ertrunken | sollen | hat gesollt |
| fahren | ist/hat gefahren | sprechen | hat gesprochen |
| fallen | ist gefallen | springen | ist gesprungen |
| fernsehen | hat ferngesehen | stehen | hat gestanden |
| festliegen | hat festgelegen | steigen | ist gestiegen |
| finden | hat gefunden | sterben | ist gestorben |
| fliegen | ist geflogen | stoßen | ist/hat gestoßen |
| fließen | ist geflossen | tragen | hat getragen |
| fressen | hat gefressen | trinken | hat getrunken |
| geben | hat gegeben | tun | hat getan |
| gefallen | hat gefallen | umsteigen | ist umgestiegen |
| gehen | ist gegangen | unterhalten (sich) | hat (sich) unterhalten |
| gelten | hat gegolten | unterscheiden | hat unterschieden |
| geschehen | ist geschehen | verbinden | hat verbunden |
| gießen | hat gegossen | vergehen | ist vergangen |
| halten (sich) | hat (sich) gehalten | vergessen | hat vergessen |
| hängen | hat gehangen | vergleichen | hat verglichen |
| heißen | hat geheißen | verlassen | hat verlassen |
| helfen | hat geholfen | verlieren | hat verloren |
| herbeilaufen | ist herbeigelaufen | verschwinden | ist verschwunden |
| hinreiten | ist hingeritten | verstehen (sich) | hat (sich) verstanden |
| kennen | hat gekannt | vorbeigehen | ist vorbeigegangen |
| klingen | hat geklungen | vorlesen | hat vorgelesen |
| kommen | ist gekommen | vorschlagen | hat vorgeschlagen |
| können | hat gekonnt | waschen (sich) | hat (sich) gewaschen |
| lassen | hat gelassen/lassen | weggehen | ist weggegangen |
| laufen | ist gelaufen | weiterfahren | ist weitergefahren |
| lesen | hat gelesen | werden | ist geworden |
| liegen | hat gelegen | werfen (sich) | hat (sich) geworfen |
| liegen bleiben | ist liegen geblieben | wiedererkennen | hat wiedererkannt |
| losfahren | ist losgefahren | wissen | hat gewusst |
| losgehen | ist losgegangen | wollen | hat gewollt |
| mitbringen | hat mitgebracht | zulaufen | ist zugelaufen |
| mitfliegen | ist mitgeflogen | zurückbringen | hat zurückgebracht |
| mitkommen | ist mitgekommen | zurückfliegen | ist zurückgeflogen |
| mitlesen | hat mitgelesen | zurückkommen | ist zurückgekommen |
| mitnehmen | hat mitgenommen | zusammenstehen | haben zusammengestanden |
| mögen | hat gemocht | zuwachsen | ist zugewachsen |